Analítica de datos

La guía definitiva de análisis de Big Data para empresas, técnicas de minería de datos, recopilación de datos y conceptos de inteligencia empresarial

ÍNDICE

Primera Parte: Analítica de datos

Una guía esencial para principiantes en minería de datos, recolección de datos, análisis de big data para negocios y conceptos de inteligencia empresarial

Introducción

Este libro contiene mucha información clave sobre la analítica de datos, que le ayudará a comprender el concepto de minería de datos, recopilación de datos, análisis de *big data* para negocios y conceptos de inteligencia empresarial.

Como ya sabrá, el concepto de analítica de datos ha estado con nosotros durante muchos años. Esta práctica especial ha evolucionado de "formas simples" y ha madurado a lo que muchos llaman "una parte integral del mundo de los negocios". La mayoría de las organizaciones ahora entienden bastante bien que necesitan mejores formas de capturar todo el flujo de datos de su negocio y les resulta difícil evitar la aplicación de analíticas de datos modernas por la importancia y el valor que ofrecen.

La analítica de datos, que básicamente se refiere al proceso mediante el cual se examinan los conjuntos de datos para obtener conclusiones sobre la información que contienen (en gran parte con ayuda de softwares y sistemas especializados), comenzó a usarse desde la década de 1950. Durante este tiempo, nadie conocía el término "*big data*", aunque a un nivel muy básico (en general, los números en una hoja de cálculo que se examinaban manualmente), se llevaron a cabo analíticas de grandes cantidades datos para extraer conocimientos esenciales y tendencias.

Comprender la analítica de datos es importante porque:

Muchas empresas serias de hoy buscan aplicar la analítica de datos para mejorar la eficiencia y la velocidad. A diferencia de lo que ocurría en el pasado, donde los propietarios de negocios tenían que descubrir información y recopilar información para usarla en futuras decisiones, un negocio, hoy en día, puede maximizar el entendimiento de los datos para tomar decisiones instantáneas. Por lo tanto, tendrá que darse cuenta de que lo que hace que la analítica de datos sea importante y prevalente es su capacidad para trabajar más rápido, seguir siendo ágil y el hecho de que ofrece a las organizaciones una ventaja competitiva que nunca antes habían tenido. El análisis de *big data* en particular, también permite a las organizaciones aprovechar sus datos y usarlos para encontrar o identificar nuevas oportunidades. Esto, a su vez, conduce a movimientos empresariales más astutos, operaciones más eficientes, más ganancias y clientes más satisfechos.

Con este libro, no solo comprenderá todas las cuestiones internas relacionadas con la analítica de datos, sino que también comprenderá por qué la analítica de datos está cambiando el ámbito empresarial. Se dará cuenta de que la analítica de alto rendimiento le permitirá hacer cosas que nunca antes pensó, probablemente porque los volúmenes de datos eran demasiado grandes (entre otras razones), y mucho más.

Comenzaremos por examinar primero qué significa realmente la analítica de datos y qué implica. No se preocupe cuando se encuentre con términos desconocidos mientras lee, ya que se incluirá una explicación detallada de cada uno de ellos. Vamos a empezar.

Capítulo 1: Descripción general de la analítica de datos: ¿Qué es la analítica de datos (y el análisis big data)?

La analítica de datos no tiene un significado único y estándar, pero en este punto, puede verla simplemente como la búsqueda para extraer el significado de los datos sin procesar mediante el uso de sistemas informáticos especializados. Esencialmente, estos sistemas organizan, transforman y modelan los datos para extraer conclusiones y trazar patrones.

La analítica de datos puede ser simple y, hoy en día, el término se usa principalmente para describir el análisis de datos de alta velocidad o grandes volúmenes de datos, que a su vez ofrece desafíos únicos con respecto a la velocidad de cálculo y el manejo de datos. Los profesionales expertos en analítica de datos, que generalmente tienen un profundo dominio de las estadísticas, son conocidos como científicos de datos.

Además, aunque la analítica de datos también involucra el procesamiento de *big data*, no implica que solo esté destinado a *big data* (como creen muchas personas), porque es un término general que utilizamos para cualquier tipo de procesamiento que revisa los datos históricos a lo largo del tiempo. Sin embargo, el término "analítica de datos", de hecho, está evolucionando para favorecer a los sistemas con gran capacidad de datos a medida que el tamaño de los datos de la organización sigue creciendo.

Pero, ¿qué es *big data*?

En caso de que se lo pregunte, el término *'big data'* se refiere a datos cuyo tamaño es indeterminado, está aumentando constantemente, y provienen de varias fuentes que son en gran medida indeterminadas, incluidos los datos generados por socios, empleados, máquinas, clientes, bases de datos, dispositivos móviles, registros, cámaras de seguridad y redes sociales entre otros.

Big data se caracteriza generalmente por al menos una de estas características (aunque a menudo todas):

- •Volumen masivo: esto significa que el *big data* es grande, y por lo general llega a terabytes y, a veces, a petabytes; su crecimiento es tan alto que se vuelve difícil obtener un cálculo preciso.

- •Alta velocidad: la mayoría de los datos en los negocios hoy en día cambian constantemente. Por ejemplo, los precios del mercado de valores cambian varias veces por segundo. En este sentido, *big data* aborda el problema de la captura y analítica de datos que se encuentran en un flujo continuo.

- •Variedad: en el contexto de la tecnología de la información, el término dato significaba principalmente datos relacionales que se almacenan en bases de datos. En contraste, *big data* involucra cualquiera y todo tipo de datos, independientemente de cómo fueron creados. Los datos no relacionales se conocen generalmente como datos no estructurados. Abarcan cosas de las que una vez las empresas no tuvieron ninguna información, por ejemplo, audios, correos electrónicos, redes sociales, etc.

Por lo tanto, el *big data* es un problema.

La cantidad de datos que se genera sigue aumentando por segundo, por lo que el desafío de mantener bajo control este "*big data*" no es tarea fácil. Además, el *big data* se está convirtiendo cada vez más en un problema competitivo. A medida que más empresas invierten y tienen éxito en la gestión de sus datos, las empresas que no logran seguir el mismo paso se encuentran en una gran desventaja. Hoy en día, los productos comerciales y las compañías que almacenan y controlan el *big data* están emergiendo y evolucionando realmente rápido, a la vez que este problema está demostrando ser cada vez más una gran oportunidad.

¿Cómo ha afectado el *big data* a la analítica de datos entonces?

Los administradores en el mundo de las bases de datos relacionales generaban fácilmente informes sobre el contenido de los datos para uso comercial, pero estos solo proporcionaban inteligencia empresarial muy escasa o limitada (explicada en el siguiente subtema). En este caso, utilizaban almacenes de datos (el almacenamiento de datos es la tecnología que totaliza los datos estructurados de una o varias fuentes para compararlos y analizarlos con el fin de mejorar la inteligencia empresarial), pero en general no pueden administrar la escala de grandes volúmenes de datos, *big data*, de manera eficiente.

NOTA: Aun cuando los almacenes de datos siguen siendo un aspecto relevante de la analítica de datos, esta parece estar adquiriendo gradualmente una connotación específica con respecto al problema de analizar datos de alta velocidad, volumen y variedad.

Por lo tanto, tenemos algo llamado analítica de *big data*, que es el proceso de examinar conjuntos de datos extensos y variados (es decir, *big data*) para descubrir tendencias de mercado, patrones ocultos, preferencias de los clientes, correlaciones desconocidas y otra información importante al respecto que pueda ayudar a las empresas a tomar decisiones que estén mejor fundadas.

Hablaremos más sobre el análisis de *big data* en un momento.

La analítica de datos es el núcleo de la empresa de negocios actual

Las empresas de todo el mundo se enfrentan a una creciente complejidad y volatilidad en el mercado. En respuesta, todas las funciones de negocio recurren a conocimientos y analíticas basadas en datos como una forma de gestionar esta creciente incertidumbre, al mismo tiempo que comprenden mejor a los clientes de sus organizaciones y hacen crecer sus negocios.

También debe apreciar que la continua dependencia empresarial en la tecnología, que incluye la automatización, está forzando este cambio hacia el conocimiento basado en los datos. El crecimiento constante de las tecnologías digitales está impulsando la capacidad de analizar más datos, lo que a su vez alimenta el apetito de la empresa para obtener mejores datos, habilidades superiores o más avanzadas en analítica y la ejecución de mejores prácticas. La clave para obtener el significado y la verdad a partir de los datos que impulsan el crecimiento del negocio son las analíticas.

Antes de hablar sobre los tipos de analíticas de datos y *big data*, echemos un vistazo a algunos conceptos relacionados con la analítica de datos.

Capítulo 2: Analítica de datos e inteligencia empresarial

Existe una fuerte superposición entre la inteligencia empresarial, o *Business Intelligence (BI)*, y la analítica de datos, lo que es evidente por el hecho de que muchas personas usan los dos términos indistintamente. Es frecuente encontrar que la mayoría de los expertos de la industria agrupan los dos términos, pero, como usted realmente desea transformar los datos en información vital, vamos a proceder a diferenciarlos.

Si bien la mayoría de las organizaciones empresariales prefieren implementar uno junto al otro, los dos procesos son muy diferentes y, sin lugar a dudas, no se puede realizar uno con éxito sin el otro. Vamos a desglosar cada uno de ellos para que tengamos un enfoque más claro.

Inteligencia empresarial (BI)

Hay diferentes maneras de ver la inteligencia empresarial (BI). Una de ellas es que la inteligencia empresarial es la infraestructura técnica y de procedimientos que almacena y analiza los datos de la empresa (de sus actividades) después de recopilarlos. Inteligencia empresarial es un término amplio que cubre aspectos como el análisis de procesos, extracción de datos, análisis descriptivo y evaluación comparativa del rendimiento. Está destinada a absorber todos los datos que genera una empresa y presentar medidas de rendimiento fáciles de asimilar, y también tendencias que pueden influir en las decisiones de gestión.

Para desglosar aún más el concepto, debe tener en cuenta que:

La inteligencia empresarial surgió de la convicción de que los gerentes con información incompleta o inexacta tienden (en general) a tomar decisiones que son peores que las que tomarían si tuvieran más información. Los creadores de modelos financieros verán esto como una especie de problema de "*basura dentro, basura fuera*". La inteligencia empresarial está esencialmente destinada a resolver este problema mediante la introducción de los datos más recientes presentados idealmente en un panel de control con métricas instantáneas destinado a respaldar la toma de mejores decisiones.

Si, por ejemplo, usted está a cargo de los horarios de producción de varias fábricas de bebidas y las ventas muestran un sólido crecimiento mes a mes en alguna región, puede aprobar turnos adicionales casi en tiempo real para asegurarse de que sus fábricas puedan para satisfacer la demanda. Del mismo modo, puede ralentizar rápidamente la misma producción si se da cuenta de que un verano más frío de lo normal está afectando las ventas. Este es solo un ejemplo limitado de cómo la inteligencia empresarial puede aumentar las ganancias y reducir los costos cuando se usa bien.

La inteligencia empresarial, para ser útil, tiene que buscar aumentar la planificación, la precisión y la cantidad de datos. Esto significa encontrar formas adicionales de capturar información que aún no se está almacenando, inspeccionar la información en busca de posibles errores y estructurarla de manera que posibilite un análisis amplio. No obstante, en la práctica, las empresas tienen datos que vienen en formatos no estructurados o variados que no permiten una recopilación y análisis simples. Por lo tanto, las empresas de software vienen a proporcionar soluciones de inteligencia empresarial. Estas son aplicaciones de software de nivel empresarial hechas para unificar datos y analíticas de una empresa.

Visto de manera diferente, y quizás con más relación con la analítica de datos, también podemos decir que:

La inteligencia empresarial es el proceso de utilizar datos para tomar decisiones de negocios. Inteligencia empresarial es un término general que se refiere al uso de datos en un entorno predictivo. Además, abarca las analíticas y actúa como la hermana no técnica o término paralelo que se utiliza para definir este proceso. Por lo general, se refiere al proceso que las empresas utilizan para aprender de los datos que están recopilando después de analizarlos. Del mismo modo, se puede utilizar la inteligencia empresarial para describir las herramientas, los planes y las estrategias que intervienen en la toma de decisiones basadas en los datos.

La analítica, por otra parte, es simplemente una ciencia de datos. Si la inteligencia empresarial es la parte de la toma de decisiones, entonces la analítica de datos es el proceso utilizado para hacer preguntas. Cuando una empresa quiere probar y pronosticar lo que ocurrirá en el futuro, utiliza herramientas de analítica de datos. A continuación, utilizará herramientas de inteligencia empresarial para transformar estos pronósticos y modelos predictivos en lenguaje común. En el grueso mercado actual de datos, utilizamos soluciones de analítica de datos para proporcionar formas en las que un usuario puede desglosar los datos y observar las tendencias que ocurren a lo largo del tiempo. En resumen, usted pone en marcha una iniciativa de inteligencia empresarial, pero realiza o lleva a cabo analíticas de datos.

Por lo tanto, podríamos decir que la analítica de datos es la forma en que se obtiene inteligencia empresarial. El proceso de analítica, independientemente de cuánto tiempo lleve, es lo que permite al propietario de un negocio hacer predicciones precisas sobre lo que ocurrirá en el futuro, y eso es lo que hace que su negocio sea "inteligente". La analítica de datos es la fase de preguntas y respuestas que conduce a la toma de decisiones de todo el esquema de inteligencia empresarial.

Solo para comprender mejor la inteligencia empresarial, intentaremos profundizar en ella; echemos un vistazo a las herramientas utilizadas.

Herramientas de inteligencia empresarial

La siguiente lista contiene las herramientas de inteligencia empresarial más populares utilizadas en la actualidad. A medida que lea, sepa que cuanto más avanzado es el sistema, más fuentes de datos puede combinar, y esto incluye las métricas internas que provienen de varios departamentos de la compañía y los datos externos extraídos de los canales de redes sociales, sistemas de terceros, correos electrónicos o datos macroeconómicos. Como eventualmente se dará cuenta, el software de inteligencia empresarial ayuda a las compañías a tener una mejor visión sobre su crecimiento general, el comportamiento del cliente y las tendencias de ventas.

Domo

Esta es una de las mejores herramientas de inteligencia empresarial, que destaca porque ofrece el conjunto de datos más amplio y también la compatibilidad con conectores. Con Domo, puede usar un único panel para ver los datos en tiempo real. La interfaz del sistema, los widgets de los paneles de control y las pantallas son muy atractivos. Domo también es conocido por ofrecer vistas de inteligencia empresarial fáciles de entender y datos de los que se puede obtener información vital para realizar operaciones críticas. Por ejemplo, puede unir las cifras de vistas de página que recopiló de *Google Analytics* para productos específicos y medir su influencia.

Las características principales de Domo incluyen optimización para móvil, gestión de proyectos, mensajería y comunicación, tienda de aplicaciones, opciones de conexión con datos empresariales e integración flexible. Al usar Domo, se asegura la obtención de información importante sobre los intereses, el comportamiento y los comentarios de sus seguidores y fans en las redes sociales. Dado que el sitio se ha optimizado para el uso móvil, esto significa básicamente que puede generar informes con su smartphone con mucha facilidad. Hay un plan de inicio gratuito que contiene características básicas que pueden utilizar las pequeñas empresas. Para las organizaciones más grandes que tienen presupuestos más generosos, hay paquetes de pago desde $175 al mes.

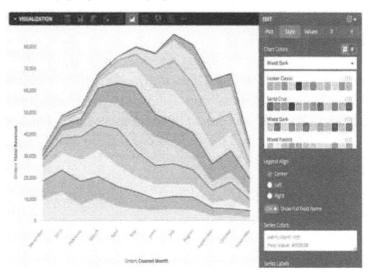

Looker

Si desea hacer un uso efectivo de esta herramienta, todo lo que necesita es un poco de conocimiento de SQL. Solo con el uso de habilidades de programación básicas, puede crear sus propios diseños de vistas y módulos analíticos fácilmente. Incluso si no tiene conocimientos de SQL, puede aprender de la amplia biblioteca de útiles tutoriales del producto, grabaciones en vivo, videos y materiales de capacitación. La documentación que incluye también proporciona rompecabezas interactivos, que contribuyen a hacer del análisis una actividad realmente divertida. Un punto destacable es que esta plataforma analiza tanto la información alojada en la web como el SQL y alberga más de 25 variaciones de datos, como Vertica, BigQuery y Hive.

Entre las principales características de esta herramienta se incluyen las herramientas de colaboración, el mecanismo de arrastrar y soltar, la interfaz basada en navegador, las gráficas personalizables y exportables, los informes y las gráficas y también las API para la integración. API, o Interfaz de programación de aplicaciones, se refiere al conjunto de protocolos, subrutinas, y herramientas utilizadas para construir software de aplicación. De hecho, incluso los usuarios no profesionales de su organización podrán utilizar la aplicación para crear vistas y cuadros de mando llenos de datos. Puede compartir informes y datos sin esfuerzo a través del correo electrónico y las direcciones URL utilizando las herramientas de colaboración y consolidarlas con soluciones personalizadas y de terceros. Por último, el precio generalmente se basa en un presupuesto y usted recibe soporte técnico en tiempo real.

GoodData

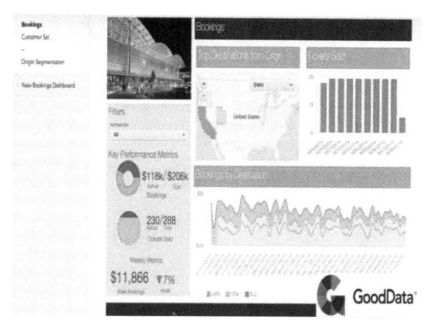

Si desea una solución de analítica en la nube que sea fácil de usar y que proporcione características importantes como marketing, plantillas de analítica de ventas y servicios, cuadros y gráficas dinámicas, servicio de almacenamiento de datos ágil, informes ad-hoc y acceso en tiempo real, entonces GoodData probablemente sea su mejor elección. Lo mejor de esta herramienta es que aísla información práctica que puede mejorar la agilidad y la salud de su empresa. También puede usarla para aumentar el presupuesto y los recursos de manera inteligente, la previsibilidad y tomar decisiones más rápidas.

El paquete completo de GoodData incluye analítica y vistas sofisticadas, minería de datos, autoservicio, almacenamiento de datos y datos listos para ETL (Extraer, Transformar y Cargar. Se refiere al proceso de extracción de datos de fuentes externas, transformándolo para satisfacer las necesidades operativas y luego, cargándolo en el almacén de datos o en la base de datos de destino final) o ELT (Extraer, Cargar, Transformar. Este es el proceso de extracción de datos del origen y cargarlo en el almacén de datos de destino o la base de datos de destino).

También puede usar esta herramienta para descubrir las percepciones del cliente que pueden ayudarlo a medir la efectividad de sus campañas de publicidad y, también, información operacional para ayudarlo a tomar decisiones más inteligentes. Además de eso, puede utilizar la funcionalidad integrada de las analíticas para identificar posibles prospectos de nuevas fuentes de ingresos. Igualmente, a través de múltiples canales, puede contar con asistencia técnica por parte de expertos. Simplemente póngase en contacto con el proveedor para obtener un presupuesto personalizado y obtener estos beneficios.

Tableau

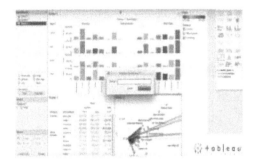

Sin lugar a dudas, Tableau es una de las mejores soluciones de inteligencia empresarial, y es popular debido a su facilidad de uso y robustez. Puede utilizar esta herramienta para comprender, visualizar y compartir sus datos fácilmente. Nos gusta esta herramienta porque no requiere que tenga conocimientos de programación para crear, publicar y compartir cuadros de mando. Además, este sistema está basado en analítica de autoservicio y ofrece respuestas rápidas a consultas simples y complejas. Algunas de sus mejores características incluyen la API REST del servidor, el panel de control para comentarios, actualizaciones automáticas, permisos de seguridad en todos los niveles y paneles de control preparados para dispositivos móviles.

Cuando invierte en Tableau obtiene varios beneficios, que incluyen herramientas de colaboración para habilitar las analíticas de grupo que proporciona, el hecho de que aprovecha el tablero público para acceder y analizar datos y también la posibilidad de implementar esta aplicación en servidores locales o en la nube. El precio es asequible y comienza desde $35 al mes (por usuario), facturándose anualmente. Por último, la herramienta automatiza las actualizaciones de datos, lo que significa que las empresas pueden recibir la información más reciente al instante.

KISSmetrics

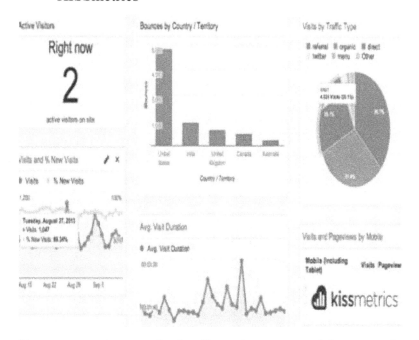

Este es un sistema de inteligencia empresarial muy robusto, que permite identificar, rastrear y mejorar las métricas de negocios importantes. Puede convertir esta información en información práctica y utilizarla para crear estrategias efectivas de publicidad y mejorar las prácticas de marketing. Una de sus características destacadas es el seguimiento intenso. Este proporciona un amplio entendimiento del cliente, que le permite comprender las intenciones y comportamientos de sus clientes incluso antes de que compren su servicio o producto. Las otras características principales incluyen lo siguiente: informes de retención y perfiles de clientes ilimitados y períodos de conversión y exportación de datos e informes de prueba A / B sin límite.

(La prueba A / B, o la prueba dividida, se refiere al proceso mediante el cual se comparan 2 versiones de una página web determinada para determinar cuál funciona mejor. Al mostrar las dos variantes, puede llamarlas A y B, luego puede continuar para comparar 2 páginas web con los mismos visitantes simultáneamente. La mejor es automáticamente la que ofrece una tasa de conversión mucho mejor).

Sin embargo, la mejor parte de esta herramienta es el hecho de que se centra en las personas y realiza un seguimiento de los cambios de los clientes y las tendencias, e interpreta la salud comercial general de una organización. Además, mantiene un inventario de los detalles de todos los clientes que están en contacto con su negocio. Esta información es importante, ya que puede utilizarla para realizar campañas de marketing específicas. Los paquetes de precios de Kissmetrics son de $220 al mes para el plan de autoservicio, $500 al mes para el plan de crecimiento y $700 al mes para el power plan.

Cyfe

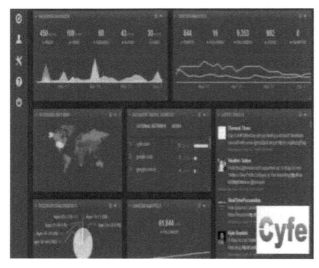

Cyfe es básicamente una aplicación de panel de control que se utiliza para rastrear y hacer una analítica de los datos dispersos en los servicios existentes, como *Google Analytics* y *Salesforce*. Sus clientes pueden usar el panel de control para ver datos en tiempo real y mantenerlos al tanto. Lo bueno es que puede compartir información de forma segura e instantánea y reducir los informes que envía a sus clientes. Sus características principales incluyen las siguientes: datos históricos, seguimiento de departamentos individuales, marcas blancas, integraciones predefinidas e informes en tiempo real.

Uno de los beneficios clave de Cyfe es que le proporciona información detallada sobre su SEM, SEO, analítica web, perfiles de redes sociales, canales de marketing por correo electrónico, etc. Además, puede controlar muchos sitios web diferentes. Cyfe también es popular debido a su impecable funcionalidad de informes, que le permite hacer un resumen de los datos en los paneles, compararlos y compartirlos con otras personas. También encontrará el modo TV, que es ideal para reuniones, ya que le permite rotar automáticamente los paneles de control en el monitor de pantalla grande. Esta herramienta viene con un plan gratuito sin límite del que las pequeñas y las nuevas empresas se pueden beneficiar. Por otro lado, el paquete premium de pago cuesta $19 al mes (facturado mensualmente) o $14 al mes (facturado anualmente).

Similarweb Pro

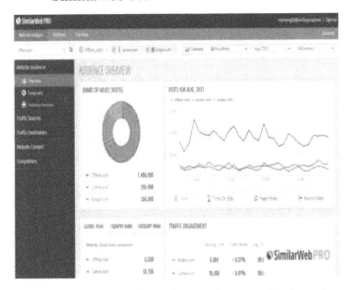

Esta herramienta ofrece herramientas efectivas de analíticas de sitios web que puede utilizar para conocer las estadísticas de tráfico de sus sitios. Esto es especialmente bueno si desea crear estrategias para obtener más tráfico en estos. Básicamente, también puede comparar el rendimiento del sitio web de su competencia con el suyo. Sus características principales incluyen las fuentes de tráfico de aplicaciones móviles, una analítica completa de palabras clave, informes de tráfico de correo electrónico, gráficos visuales y gráficos para KPI.

Si tiene una organización grande, puede aprovechar esta herramienta para sus estrategias de fusión y adquisición y también los esfuerzos de marketing. El principal beneficio de esta herramienta es que le ayuda a analizar cualquier industria o sitio web. Otras ventajas incluyen: acceso multiusuario, informes personalizados, la integración de una API y soporte profesional. El proveedor le ofrecerá un plan gratuito que tiene las características básicas y también dos paquetes a precio presupuestado.

Woopra

Woopra es la herramienta de analíticas de clientes que se utiliza para comprender las actividades y el comportamiento de nuestros clientes en diferentes puntos de contacto, que incluyen correo electrónico, asistencia técnica y chat en vivo. Esta herramienta crea perfiles completos de los clientes mediante el seguimiento de su actividad en la web y en el móvil, y sincroniza la información de múltiples fuentes. Actualiza los perfiles en tiempo real de forma automática. Sus principales características incluyen tareas programadas, datos en tiempo real y analíticas.

Puede utilizar los perfiles y segmentos de clientes de Woopra para crear informes analíticos personalizados, gráficos de embudo e informes de retención. La solución envía notificaciones en tiempo real a su aplicación móvil o de escritorio cuando los clientes realizan acciones destacables. Con esta herramienta puede comprender fácilmente el comportamiento de los clientes y utilizar estos conocimientos para generar estrategias basadas en datos en lugar de depender de conjeturas. La aplicación es básicamente de uso gratuito para pequeñas empresas hasta 30.000 acciones por mes. El precio comienza desde $79,95 (facturado mensualmente) o $799,50 (facturado anualmente) hasta 400.000 acciones por mes. Si tiene una gran empresa puede ponerse en contacto con el proveedor para obtener un presupuesto personalizado.

Otras herramientas:

Sisense

Siendo ganador del premio al mejor software de inteligencia empresarial del año pasado de *FinancesOnline*, Sisense es uno de los líderes en el mercado de inteligencia empresarial. Sisense es una solución que puede simplificar de manera efectiva las analíticas de datos complejos, y luego hacer que los datos de *big data* sean accesibles incluso para pequeñas empresas y *startups*. ¿Por qué Sisense tiene una ventaja competitiva? El motivo radica en sus capacidades para recopilar datos de muchas fuentes diferentes sin las preparaciones costosas habituales (estas fuentes incluyen *Google Analytics*, *Salesforce* y *AdWords*, entre otras). Como usuario de Sisense, también puede disfrutar de la capacidad de la herramienta para utilizar la tecnología *in-chip* de manera eficiente en una base de datos que procesa datos diez veces más rápido que los sistemas tradicionales. Sisense también trabaja con una tecnología conocida como *ElastiCube* que es muy innovadora; esto significa que puede importar grandes conjuntos de datos y trabajar con cualquier diseño de CPU sin afectar negativamente la calidad de los resultados. Para obtener más información sobre sus características, puede probar el software usted mismo, tal vez primero con el plan de prueba gratuito que ofrecen. Haga clic aquí para para una prueba gratuita.

Inteligencia empresarial y herramientas de informes (BIRT)

Esta herramienta es mayoritariamente valorada por su naturaleza de código abierto, Java 100% puro, y, por lo tanto, se utiliza para crear y publicar informes en fuentes de datos que van desde fuentes de datos XML a bases de datos relacionales empresariales típicas y objetos Java en memoria. Esta herramienta, que aprovecha las ricas capacidades de la plataforma Eclipse, se desarrolla como un proyecto de alto nivel dentro de la base Eclipse. También toma las ventajas de una comunidad de usuarios de código abierto activo. Los desarrolladores en todos los niveles pueden incluir informes sólidos en sus aplicaciones Java, basadas en Eclipse y J2EE.

icCube

Esta herramienta es un SaaS (software como servicio, se refiere a un modelo de distribución de software en el que los proveedores externos hospedan las aplicaciones y las ofrece a los clientes a través de Internet) de la plataforma de inteligencia empresarial de extremo a extremo. Está especializado para ser personalizado o integrado en su aplicación. Puede configurarlo en la nube, en las instalaciones o simplemente elegir utilizar uno de sus servicios administrados para disfrutar de un período limitado para promocionar las solicitudes de funciones personalizadas. Como se dará cuenta, se integra perfectamente con cualquier aplicación debido a la autorización y autenticación sobre la marcha, su capacidad para conectarse y reunir cualquier fuente de datos personalizada, acceso directo a R y Java (R se refiere a los gráficos y lenguaje de programación de código abierto de computación estadística y entorno de software soportado por la fundación R). Además, es un generador de paneles de control basado en web, con la capacidad de diseñar widgets gráficamente desde cero. Si usted es un desarrollador de software que desea proporcionar una solución web sólida de inteligencia empresarial o paneles de control predefinidos para sus usuarios finales, icCube está destinado a ser la herramienta de sus sueños.

Seguramente ahora está más familiarizado con el término inteligencia empresarial y con su comparación con la analítica de datos. Ahora vamos a presentar otra breve descripción de otro problema de confusión en el análisis de datos de negocios, su relación con la analítica de datos y en qué se diferencian los dos términos.

Capítulo 3: Análisis de datos y analítica de datos

Antes de empezar, y para que estemos en la misma página, debe tener en cuenta lo siguiente:

Como ya se habrá dado cuenta, las empresas dependen actualmente de los datos para obtener información vital cuantificada que conduzca a resultados empresariales positivos. Mediante el uso de datos, el "trabajo de predecir" en el enfoque de negocios se elimina y se reemplaza con datos concretos que pueden hacer que el proceso de toma de decisiones sea más eficiente. Cuando se considera que la gente está generando más de 2,5 quintillones de bytes de datos cada día, realmente no es una sorpresa que el concepto "datos" esté en boca de la mayoría de la gente. Según los datos del ICD, se espera que estos datos crezcan diez veces y, para 2020, se sobrepasen los 44 zettabytes. El **informe** según el ICD, también afirmó que la cantidad de datos útiles aumentará del 22% al 35% para 2020. La explosión de datos aumentará a medida que el número total de usuarios de smartphones crezca en todo el mundo.

Podemos esperar más de 50 mil millones de smartphones conectados en los próximos cinco años, y mientras nos maravillamos ante esta explosión de datos, debemos afirmar que los datos no son más que datos a menos que se trabajen. Solo cuando esto se hace, el negocio obtiene la ventaja que promete ofrecer.

El análisis de datos y la analítica de datos son algunos de los términos que se han utilizado indistintamente durante mucho tiempo. Pero al menos sabemos que el análisis y las analíticas ayudan a convertir los datos en información práctica que proporciona valor de negocio. Si bien estos términos pueden sonar similares, son bastante diferentes. Tanto la analítica como el análisis hacen posible que la toma de decisiones se base en la evidencia al revelar patrones y oportunidades que se encuentran dentro de los datos, pero su enfoque hacia los datos es donde radica la diferencia. En pocas palabras, uno de ellos mira hacia el pasado y el otro mira hacia el futuro.

Según los expertos, el análisis de datos es la exploración y evaluación práctica de los datos. Se refiere al proceso de transformación, limpieza, modelado e inspección de datos con el objetivo de obtener información útil, respaldar la toma de decisiones y sugerir conclusiones. Por lo tanto, el análisis de datos tiene diferentes enfoques y aspectos, que abarcan diversas técnicas bajo varios nombres, en un dominio diferente de negocios, ciencias sociales y ciencias.

La analítica de datos, por otro lado, es un término más amplio que comprende el análisis de datos como un subcomponente importante. La analítica de datos define la ciencia detrás del análisis; esta ciencia significa entender los procesos cognitivos utilizados por un analista para comprender los retos y explorar los datos de manera significativa. La analítica también incluye extracción de datos, transformación y carga, las técnicas, herramientas y métodos específicos, y también cómo comunicar resultados con éxito. No olvide que la analítica de datos es el proceso mediante el cual examinamos los conjuntos de datos para extraer conclusiones sobre la información que tienen, cada vez más con la ayuda de software y sistemas especializados, y que las tecnologías y técnicas de analítica de datos se utilizan ampliamente en industrias comerciales para permitir a las organizaciones tomar decisiones de negocio mejor fundamentadas y para que investigadores y científicos puedan refutar o verificar modelos científicos, hipótesis y teorías.

¿Entonces cómo ayuda exactamente el análisis de datos a las organizaciones?

Realiza una evaluación de los requisitos del negocio y analiza cómo se pueden utilizar las funciones y los procesos para mejorar el rendimiento y los resultados. Se hace para identificar los conjuntos de datos relevantes y utilizarlos para obtener información vital, que luego ayuda a mejorar el rendimiento del negocio y la toma de decisiones.

El análisis de datos ayuda a descomponer la imagen global en una imagen a pequeña escala para "descartar" cualquier tipo de sesgo humano con la ayuda del análisis estadístico.

Puede utilizar el análisis de datos cuando su organización desea crear arquitecturas empresariales sólidas, preparar casos comerciales sólidos, realizar evaluaciones de riesgos, identificar dinámicas de mercado, evaluar la efectividad de los procesos empresariales o realizar una evaluación del rendimiento del producto, etc. Cuando ve datos históricos, puede revelar información clave sobre lo que funcionó, lo que no funcionó y lo que probablemente se espera de un servicio y producto.

Como se mencionó anteriormente, implica la exploración profesional activa de los datos, la elaboración de conclusiones de acuerdo con estas evaluaciones, el descubrimiento de muchas micro perspectivas diferentes y la obtención de información vital más profunda y sustancial.

A la inversa, la analítica de datos ayuda a las organizaciones a utilizar su potencial de datos para identificar nuevas oportunidades y todo el negocio para marcar el camino a seguir. La analítica de datos revela la información que una empresa necesita para crecer, ya sea en términos de reducción de costos, comprensión de la actitud del cliente, mejora de la toma de decisiones o incluso con la creación de nuevos productos y servicios.

Las organizaciones pueden usar la analítica de datos para medir los resultados de negocios y hacer cambios en la empresa que puedan producir mejores resultados.

Al utilizar análisis de datos confirmatorios, exploratorios o cualitativos, la analítica de datos básicamente analiza datos sin procesar para obtener conclusiones que ayuden a tomar mejores decisiones de negocios.

La analítica datos también utiliza técnicas, herramientas y habilidades relevantes para realizar una evaluación del desempeño anterior, así como también para obtener valiosa información sobre las futuras prácticas.

Por lo tanto, la analítica de datos es una práctica empresarial más exhaustiva y muy detallada, que comienza con la identificación del tipo de datos a analizar, luego recopila estos datos y los organiza en los conjuntos de datos apropiados mediante el uso de las adecuadas técnicas estadísticas y algoritmos. La analítica de datos también abarca una cierta cantidad de limpieza de datos para entregar el análisis exacto según el cual se pueden tomar las decisiones apropiadas. Cuando estos datos se convierten a una forma utilizable, se le aplica un proceso algorítmico o mecánico en forma de proceso estadístico o algoritmo de aprendizaje automático para obtener información clave. Puede hacer esto comparando los distintos conjuntos de datos para obtener respuestas a los problemas que están resolviendo los datos. Cuando hace eso, el analista de datos representa los datos en una forma que puede entenderse adecuadamente para el beneficio del negocio.

La analítica de datos también implica la creación de modelos cuantitativos al considerar las diferentes variables para construir modelos predictivos para oportunidades de negocio y ofrecer oportunidades para competir en un mercado saturado.

En conclusión, necesitamos obtener información útil de los datos que "crecen exponencialmente" generados cada año, lo que hace que obtener información útil de esos datos sea cada vez más importante.

Junto con el análisis de datos, la minería de datos es un subconjunto de la inteligencia empresarial, que también abarca el procesamiento analítico en línea (OLAP), los sistemas de gestión de bases de datos y el almacenamiento de datos.

NOTA: Como se mencionó anteriormente, toda esta información generalmente se almacena en un almacén de datos, un repositorio de datos recopilados de diferentes fuentes, que incluye bases de datos corporativas, información resumida de sistemas internos y datos de fuentes externas. El análisis de datos consiste en consultas simples, informes, análisis 'multidimensionales' más complejos, análisis estadísticos y extracción de datos.

Veamos ahora la minería de datos.

Capítulo 4: Minería de datos

Como ya sabe, el tamaño de los datos sin procesar que se almacenan en las bases de datos corporativas está creciendo rápidamente; sin embargo, los datos sin procesar no proporcionan la información adecuada. Vivimos en un entorno empresarial extremadamente competitivo en el que las empresas deben convertir estos grandes volúmenes de datos en bruto en información sustancial de sus mercados y clientes para guiar sus estrategias de inversión, marketing y gestión. Aquí es donde entran los almacenes de datos.

Almacenes de datos

En general, los precios del almacenamiento de datos han bajado y esto ha brindado a las empresas la oportunidad de hacer de esa inversión un gran recurso: los datos sobre potenciales clientes, y también los actuales, guardados en varios almacenes de datos (**vea cómo funciona**). Los almacenes de datos se están incorporando gradualmente a la tecnología. Estos almacenes de datos se utilizan básicamente para unir o consolidar datos que se encuentran en diferentes bases de datos. Un almacén de datos típico almacenará grandes volúmenes de datos por categorías particulares para que uno pueda recuperarlos más fácilmente, y también interpretarlos y clasificarlos. Como gerente o ejecutivo, un almacén le permitirá trabajar con muchas fuentes de datos transaccionales (o cualquier otro dato) para responder más rápidamente a los mercados y tomar decisiones de negocios que estén más fundamentadas. Según las predicciones, todo negocio serio tendrá un almacén de datos en aproximadamente diez años, pero esto no significa que el solo hecho de almacenar datos dentro de los almacenes de datos transforme positivamente a una empresa. Las empresas deberán aprender más sobre los datos para aumentar su conocimiento de los clientes y sus mercados. Solo cuando los patrones y las tendencias significativas se derivan de los datos la, compañía se beneficia realmente.

Minería de datos

También conocida como "descubrimiento de conocimiento", la extracción de datos, o minería de datos (*Data Mining*), es el proceso de profundizar a través de enormes conjuntos de datos, analizarlos y extraer el significado de esos datos a través de métodos asistidos por computadora. Las herramientas de minería de datos predicen tendencias y comportamientos futuros y, por lo tanto, permiten que las empresas tomen decisiones que no solo son proactivas, sino también basadas en el conocimiento. Las herramientas de la minería de datos son capaces de dar respuestas a preguntas de negocios que tradicionalmente llevaría demasiado tiempo resolver. Básicamente, estas herramientas recorren las bases de datos para encontrar información predictiva y desvelan patrones ocultos que los expertos podrían pasar por alto debido al hecho de que no se encuentran dentro de lo que esperan.

"Minería de datos" es un término que se deriva de las similitudes entre buscar información importante en una base de datos masiva, así como excavar una colina o una montaña en busca de una veta de mineral precioso. Los dos procesos necesitan sondajes inteligentes o tamizar astutamente a través de pilas de material para encontrar dónde está realmente el valor real.

¿Cuál es el uso de la minería de datos? ¿Qué puede hacer realmente?

A pesar de que la minería de datos aún es joven, las compañías en medio de una amplia gama de industrias, que incluyen atención médica, comercio minorista, finanzas, fabricación y transporte, aeronáutica y demás, están utilizando las herramientas de minería de datos y las técnicas para utilizar datos históricos. Mediante el uso de tecnologías para reconocer patrones junto con técnicas estadísticas y matemáticas para poder analizar la información almacenada en un almacén, el analista de datos reconoce hechos importantes, tendencias, excepciones, anomalías y patrones que fácilmente podrían pasar desapercibidos.

Las empresas usan la minería de datos para encontrar patrones y relaciones en los datos para facilitar la toma de decisiones significativamente mejores. La extracción de datos puede ayudar a detectar tendencias en las ventas, mejorar sus campañas de marketing y predecir la lealtad del cliente con precisión. Más específicamente, la minería de datos tiene usos, que incluyen los siguientes:

- Segmentación del mercado: la minería de datos le ayudará a identificar las características comunes de los clientes (clientes que compran productos similares de su negocio).

- Tasa de cancelación de clientes: la minería de datos también lo ayuda a predecir los clientes que tienen una alta probabilidad de cambiar su negocio por un competidor.

- Detección de fraude: la extracción de datos lo ayudará a identificar las transacciones que probablemente sean engañosas o fraudulentas.

- Marketing directo: la extracción de datos también lo ayudará a identificar las perspectivas específicas que debería incluir en una lista de correo para obtener la mayor tasa de respuesta.

•Marketing interactivo: con la minería de datos, también podrá predecir qué personas que accedan a un sitio web están interesadas.

•Análisis de la canasta de mercado: también lo ayudará a comprender el tipo de productos y servicios que generalmente o comúnmente se compran juntos, por ejemplo, pañales y cerveza.

•Análisis de tendencias: lo ayudará a comprender la diferencia entre un cliente típico el último mes y el mes actual.

También se ha visto que la tecnología de minería de datos genera nuevas oportunidades de negocios a través de:

•Tendencia automatizada y predicción de comportamiento: esto simplemente significa que, a través de la minería de datos, puede automatizar el proceso de obtención de información predictiva de una gran base de datos. Las preguntas que de otro modo habrían necesitado un análisis práctico extenso ahora se responden directamente de los datos. Un buen ejemplo de un desafío predictivo es el marketing dirigido. La tecnología de minería de datos usa datos en correos promocionales del pasado para encontrar el objetivo que tiene una alta probabilidad de maximizar el retorno de la inversión en cualquier correo futuro. El pronóstico de quiebra y otras formas predeterminadas, y la identificación de un segmento de población que probablemente responda a eventos particulares de manera similar son algunos de los otros problemas predictivos.

•El descubrimiento automatizado de patrones previamente desconocidos: con las herramientas de minería de datos, también puede recorrer una base de datos y localizar los patrones que antes estaban ocultos. Un buen ejemplo de descubrimiento de patrones es el análisis de datos de ventas para señalar productos aparentemente no relacionados que comúnmente se compran juntos. Los otros problemas de descubrir patrones incluyen la detección de transacciones fraudulentas de tarjetas de crédito y el aislamiento de datos inconsistentes que probablemente representen errores en la entrada de datos.

Hoy en día, las compañías utilizan de forma masiva computadoras en paralelo para analizar los grandes volúmenes de datos y descubrir patrones de sus productos y clientes.

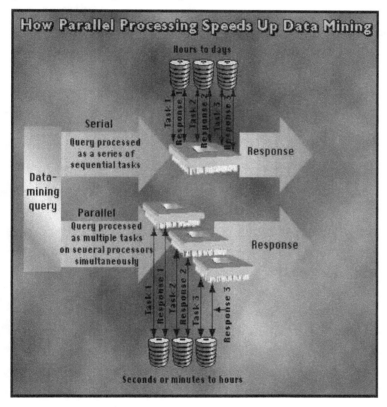

Por ejemplo, las cadenas de supermercados han llegado a descubrir que cuando los hombres entran en un supermercado para comprar pañales, a veces también tienden a llevarse un paquete de cerveza. Por lo tanto, cuando se tiene dicha información, se puede diseñar la tienda para que estos elementos en particular estén más cerca.

Solo por dar algunos ejemplos, American Express, A.C Nielson y AT&T son algunas dentro del grupo creciente de compañías que están implementando técnicas de minería de datos para sus ventas y marketing. Estos sistemas recorren terabytes y terabytes de datos de puntos de venta para ayudar a los analistas de datos a comprender las estrategias de promoción y el comportamiento del consumidor, y la razón para hacerlo es simple: obtener esa codiciada ventaja competitiva y, por supuesto, aumentar su rentabilidad.

De la misma manera, los analistas financieros están revisando grandes conjuntos de fuentes de datos, registros financieros y otras fuentes de información para tomar decisiones de inversión adecuadas. Las organizaciones de atención médica están revisando los registros médicos para distinguir tendencias pasadas y poder reducir costos en el futuro.

Cómo funciona la minería de datos

¿Se pregunta cómo la minería de datos puede decirle cosas clave que no sabía o cosas relacionadas con lo que sucederá en el futuro? Seguro que sí.

La técnica que se utiliza para realizar estas proezas se conoce como modelado. Modelar es simplemente el proceso o acto de crear un modelo (relación matemática o un conjunto de ejemplos) basado en datos derivados de circunstancias en las que se conoce la respuesta. Las técnicas de modelado han existido durante cientos de años, por supuesto, pero las capacidades de almacenamiento y comunicación de datos necesarias para recopilar y almacenar grandes cantidades de datos, y la capacidad computacional para automatizar las técnicas de modelado para trabajar con los datos directamente existen desde hace poco.

Tomemos un ejemplo de creación de un modelo. Usted es director de marketing de una empresa de telecomunicaciones. Le gustaría centrar sus esfuerzos de marketing y ventas en segmentos de población que probablemente se conviertan en usuarios de servicios de larga distancia. Sabe mucho acerca de sus clientes, pero no es posible discernir las características comunes de sus mejores clientes debido a las numerosas variables preexistentes. Desde su base de datos de clientes, que contiene información como el historial de crédito, sexo, edad, ocupación, código postal, ingresos, etc., puede utilizar herramientas de minería de datos como las redes neuronales para identificar las características de aquellos clientes que generalmente realizan numerosas llamadas de larga distancia. Por ejemplo, puede aprender que sus mejores clientes son hombres casados de entre 28 y 37 años que ganan más de $ 50.000 por año. Este es su modelo para los clientes de alto valor y, por lo tanto, podrá presupuestar su trabajo de marketing en consecuencia.

Quizás necesite un mejor ejemplo de la vida real:

Existe un negocio de pedidos por correo conocido como Merk-Medco Managed Care que vende medicamentos a los proveedores de atención médica más grandes del país que incluyen a las organizaciones estatales de Blue Shield, Blue Cross, corporaciones de los Estados Unidos, gobiernos estatales, grandes HMO, etc. Merck-Medco está en el proceso de extraer su almacén de datos (un terabyte) para descubrir la relación oculta entre las enfermedades conocidas y los tratamientos con medicamentos, y luego detectar tendencias para ayudar a identificar los medicamentos que son más efectivos para una categoría particular de pacientes. Como es de esperar, el efecto es que los tratamientos serán más efectivos y más baratos. El proyecto de minería de datos de Merck-Medco también ha ayudado a los clientes a ahorrar entre un 10% y un 15% en costes de prescripción.

En conclusión, se puede decir que, a corto plazo, los resultados de la extracción de datos estarán en áreas de negocios que son rentables. Las campañas de micro-marketing explorarán nuevos nichos y luego la publicidad será dirigida a los clientes potenciales con una mayor precisión.

Por otro lado, a medio plazo, la verdad es que la minería de datos puede terminar siendo tan común y simple (de usar) como el correo electrónico. Es posible utilizar estas herramientas para obtener la mejor tarifa aérea a Los Ángeles, encontrar el contacto de un amigo perdido de la infancia o encontrar los mejores precios en lavavajillas.

Las perspectivas a largo plazo, como puede imaginar, son emocionantes. ¡Las computadoras podrían revelar nuevos tratamientos de enfermedades o nuevos y diferentes conocimientos sobre la naturaleza del universo!

Antes de continuar, debe comprender que la extracción de datos no solo depende del procesamiento y almacenamiento de la computadora, sino también de la recolección de datos. Por lo tanto, esto significa que la recopilación de datos es un aspecto importante que debemos comprender. Una vez más, hay algunas personas que no han podido distinguir correctamente entre la recolección de datos y la extracción de datos; aunque suenan igual, en realidad son muy diferentes. Hablaremos más sobre eso en el siguiente capítulo.

Capítulo 5: Recolección de datos

A diferencia de la minería de datos, la recopilación de datos es exactamente lo que parece: el proceso de recolección y medición de información mediante software. Actualmente contamos con muchos procedimientos y técnicas diferentes de recolección de datos, pero cuando hablamos de esto con respecto a *big data*, probablemente nos referiremos a la recopilación de datos en línea o electrónica.

La recolección de datos se refiere al proceso sistemático de recopilación seguido de la medición de información de varias fuentes para obtener una imagen bastante completa y precisa de un área de interés determinada. La recopilación de datos esencialmente permite a una organización o un individuo responder preguntas relevantes, evaluar resultados y predecir las tendencias y las probabilidades futuras.

Como sabrá, la recolección de datos precisa es importante cuando se trata de mantener la integridad de la investigación, asegurar la calidad y tomar decisiones de negocios fundamentadas. Por ejemplo, cuando se trata de ventas minoristas, se pueden recopilar datos de visitas a sitios web, aplicaciones móviles, encuestas en línea y programas de fidelidad para obtener más información sobre los clientes. En un proyecto de consolidación de servidores (la consolidación de servidores se refiere al uso efectivo de los recursos del servidor de la computadora para poder reducir el número total de servidores requeridos por una organización), la recolección de datos contendría una cuenta exacta de lo que hay instalado en cada servidor, un inventario físico de toda la lista de servidores, middleware, sistema operativo y la aplicación o base de datos admitida por el servidor.

NOTA: el término middleware es solo un término general para software que esencialmente une programas distintos y con frecuencia complejos que ya existen. Algunos componentes de software que generalmente están conectados con middleware son servicios web y aplicaciones empresariales.

Los métodos de recolección de datos y *big data*

La recopilación de información utiliza una serie de instrumentos primarios, como entrevistas, encuestas y grupos focales. Actualmente, con la ayuda de herramientas analíticas y web, su organización también puede recopilar datos del tráfico del sitio web, los dispositivos móviles y la actividad del servidor entre otras fuentes de información relevantes, por supuesto, dependiendo del proyecto.

Big data describe grandes cantidades de datos estructurados, no estructurados y semiestructurados que las organizaciones recopilan. Sin embargo, se necesita una cantidad significativa de tiempo y recursos para cargar *big data* en una base de datos relacional antigua para facilitar el análisis, y es por eso que han surgido nuevos enfoques para la recolección y el análisis de datos. Para recopilar datos importantes y luego extraerlos para obtener información, los datos sin procesar con metadatos extraídos se consolidan en un *lago de datos* (descrito a continuación). Desde aquí, los programas de inteligencia artificial y el aprendizaje automático utilizan algoritmos complejos en la búsqueda de patrones repetibles.

Metadatos se refiere a los datos que describen otros datos. "Meta"
es básicamente un prefijo que implica una descripción o definición
subyacente (en la mayoría de las tecnologías de la información). Los
metadatos hacen un resumen de la información básica sobre los
datos, lo que puede facilitar la búsqueda y el trabajo con instancias
específicas de datos.

Un lago de datos es el repositorio de almacenamiento que contiene
una gran cantidad de datos sin procesar en su formato original /
nativo hasta que realmente son requeridos. Mientras que un
almacén de datos jerárquico usualmente hace el trabajo de
almacenar datos dentro de archivos y carpetas, un lago de datos
normalmente utiliza una arquitectura plana para poder almacenar
los datos.

Los tipos de datos

En general, tenemos dos tipos de datos: datos cualitativos y
cuantitativos. Los datos cuantitativos son todos los datos presentados
en forma numérica, como porcentajes y estadísticas. Por otro lado,
los datos cualitativos son datos descriptivos, como el olor, la
apariencia, la calidad y el color. Aparte de los datos cualitativos y
cuantitativos, algunas organizaciones también usan datos
secundarios para ayudar a impulsar las decisiones comerciales. Los
datos secundarios son normalmente de naturaleza cuantitativa y ya
han sido recopilados para un propósito diferente por otra parte. Por
ejemplo, una compañía puede usar datos del censo de los Estados
Unidos para tomar decisiones importantes de marketing. En los
medios de comunicación, un equipo de noticias podría utilizar las
estadísticas de salud del gobierno o estudios de salud para tomar
decisiones con respecto a la estrategia del contenido.

Con la evolución de la tecnología, la recolección de datos ha crecido
y los recientes avances en el "Internet de las Cosas" (*IoT*) y la
tecnología móvil están obligando a las organizaciones a pensar en
cómo analizar, recopilar y monetizar nuevos datos. Los problemas

de seguridad y privacidad relacionados con la recopilación de datos están aumentando al mismo tiempo.

*El Internet de las cosas o Internet of Things (IoT) es un sistema de máquinas de tipo mecánico, digitales, dispositivos informáticos interrelacionados, personas o animales que reciben **identificadores especiales** y la capacidad de transferir datos a través de una red sin la necesidad de una interacción persona-computadora o persona-persona.*

Entonces, ¿cómo puede la recolección de datos realmente ayudar a su organización?

En primer lugar, emplear buenas técnicas de recopilación de datos se traduce en una mejor toma de decisiones. Hubo una encuesta realizada por **Helical IT** que muestra que si se toma una decisión basándose en los datos y no en la intuición pura, las posibilidades de éxito son un 79% más altas. Cuando se implementa un proceso de recopilación de datos centralizado, su organización puede realmente tomar decisiones basadas en los datos. Cuando ya existe un sistema, la cantidad y calidad de los datos recopilados por una empresa a lo largo de los años, y la forma en que decide utilizarlos, determinan en gran medida no solo su ventaja competitiva sino también su sostenibilidad.

En segundo lugar, significa que el tiempo en el trabajo se guarda. Según el libro sobre inteligencia empresarial de **Cindi Howson**, un gerente de una organización típica dedica aproximadamente 2 horas de cada bloque de tiempo de trabajo en la búsqueda de datos. La mitad de esa información, desafortunadamente, resulta inútil más tarde. Un gerente de alto nivel, cuando no tiene un proceso de recopilación de datos personalizado específicamente para su empresa, termina perdiendo muchas horas. Un buen sistema ayudará a recopilar y mostrar los datos que se recopilan de los diferentes lugares de su organización si usted, el gerente, puede identificar los problemas en todos los aspectos de la empresa fácilmente. Luego, debe mostrar los datos recopilados en un panel que sea fácil de navegar y contenga los indicadores de rendimiento clave exactos. Estos KPI se pueden presentar en tablas o gráficas con la opción de profundizar más para entender los datos específicos que los forman.

Ahora está familiarizado con algunos de los términos más comunes relacionados con la analítica de datos. En el siglo XVII, un autor conocido como John Dryden dijo que "el que busca perlas debe bucear al fondo". Si bien el autor no lo dijo con la analítica avanzada en mente, su cita describe su esencia a la perfección. Ahora descubriremos a qué profundidad debe escarbar en los datos para obtener la información importante basada en hechos.

Nota al margen: una vez que su organización comience a recopilar grandes volúmenes de datos, debe pensar en comenzar con las analíticas. Desafortunadamente, no muchas empresas saben mucho sobre lo que esto significa. ¿Por dónde empieza? ¿Cuáles son los tipos de analíticas que beneficiarían más a su empresa? Entre otras cosas importantes, echemos un vistazo a los tipos de analíticas de *big data* que debe tener en cuenta cuando intente encontrar la mejor manera de aprovechar la información de su negocio.

Capítulo 6: Tipos de analíticas de datos

Analíticas descriptivas (¿Qué ha ocurrido?)

Este es el tipo más común de analítica de datos. Busca ofrecerle una visión completa de medidas y métricas importantes dentro de su organización. Hace un análisis de los datos disponibles en tiempo real junto con los datos históricos para obtener información significativa sobre el futuro de la empresa. El objetivo clave de este tipo de analítica de datos es ayudar a descubrir las diversas razones que explican el éxito o el fracaso del pasado. Es posible que las empresas aprendan de sus comportamientos pasados a través de esas observaciones. Después de eso, pueden trabajar ideas sobre sus resultados futuros.

Por ejemplo, como proveedor de atención médica, conocería cuántos pacientes fueron hospitalizados el mes pasado; como minorista, usted tendría a mano el volumen promedio de ventas por semana; como fabricante, usted sabría la tasa de productos devueltos durante el mes pasado y así sucesivamente. Un buen ejemplo sería: como fabricante, podría decidir las categorías de productos foco en función del análisis de ingresos, ingresos mensuales para cada grupo de productos, ingresos por grupo de productos y la calidad agrupada de las piezas metálicas producidas cada mes.

La analítica descriptiva esencialmente combina los datos en bruto de diferentes fuentes de datos para ofrecer información valiosa sobre el pasado. No obstante, estos hallazgos tienden a indicar que algo está bien o no, sin explicar necesariamente por qué. Esta es la razón por la que las empresas altamente controladas por datos rara vez se sienten cómodas con la analítica descriptiva únicamente, y eligen combinarla con otros tipos de analíticas de datos.

Analíticas de diagnóstico (¿Cuál fue la causa?)

A continuación, debe comprender la analítica de datos después de tener un buen conocimiento de la analítica descriptiva, mediante la analítica de diagnóstico. Una vez que evalúe los datos descriptivos, las maravillosas herramientas analíticas de diagnóstico le permitirán al analista comprender en profundidad el problema con la información detallada de la ayuda del análisis en profundidad y las consultas para ayudarle a eliminar la causa raíz del problema. En términos más simples, aquí, los datos históricos se comparan con otros datos para dar una respuesta a la pregunta "¿por qué sucedió?"

Las empresas ahora pueden hacer avances, señalar las dependencias y discernir patrones con analíticas de diagnóstico. Las organizaciones generalmente seleccionan este tipo de analítica porque les ofrece una percepción más profunda sobre un problema en particular. Por otro lado, las organizaciones deben mantener la información al completo cerca, para que la recopilación de datos no tome mucho tiempo.

Los paneles de control de información empresarial bien integrados y diseñados que representan las lecturas de los datos en base al tiempo, los filtros y las capacidades de desglose se consideran ideales para este tipo de análisis.

Tomemos dos ejemplos: como proveedor de atención médica, podría comparar la respuesta de los pacientes con una campaña promocional en varias regiones; Como minorista, desglosaría las ventas en subdivisiones.

Analítica predictiva (¿Qué va a suceder?)

Tener las predicciones correctas es importante. La analítica predictiva implica un análisis de los patrones pasados en los datos y tendencias para pronosticar el resultado futuro de negocios con precisión. Le ayudará a establecer objetivos muy realistas para su compañía, así como su ejecución efectiva. También podrá moderar las expectativas, a través de la manipulación de los hallazgos de las analíticas de diagnóstico y las analíticas descriptivas.

Ahora es fácil señalar tendencias, excepciones y subgrupos, mientras se predicen tendencias futuras, gracias a las analíticas predictivas; todo esto hace de la analítica una herramienta muy valiosa. Cuando emplea múltiples enfoques estadísticos y algoritmos de aprendizaje automático, puede predecir la posibilidad de que ocurra un evento en el futuro (con la información vital que proporciona la **analítica**). Sin embargo, debe recordar que estas suposiciones solo se basan en probabilidades y predicciones y, por lo tanto, no tienen una precisión absoluta.

Grandes conglomerados como Walmart y Amazon aprovechan este tipo de analíticas de alto valor para descifrar tendencias de ventas futuras, patrones de compra, el comportamiento del cliente y mucho más. Echemos un vistazo con más detalle a una compañía que ha utilizado la analítica predictiva con gran éxito:

Netflix

Netflix es el servicio de transmisión de TV por Internet más famoso del mundo hoy en día y se está utilizando en más de 130 países. Ahora ampliamente considerada una marca de TV global, el modelo de negocio de Netflix está sumamente impulsado por los datos. La compañía utiliza los millones de bits de datos que poseen para hacer predicciones de los programas y películas que a sus usuarios les gustaría ver a través de su servicio. La compañía tiene un montón de datos en cuenta, que incluyen el contenido que ven y cuánto lo ven, y también datos demográficos. Netflix luego usa esta información para hacer predicciones del tipo de contenido que sería más exitoso si se transmitiera y cuáles son los puntos de éxito comunes entre ellos. La compañía también utiliza un algoritmo de recomendación altamente sofisticado para predecir qué es más probable que los usuarios deseen ver.

Nuevamente, con la ayuda de la analítica predictiva y su enfoque proactivo, una compañía de telecomunicaciones, por ejemplo, puede identificar a los suscriptores que probablemente vayan a disminuir su gasto y, por lo tanto, activar actividades de marketing específicas para remediarlo; un equipo de administración también puede estimar los riesgos que conlleva invertir en la expansión de la empresa en función de las previsiones y el análisis del flujo de efectivos.

Analítica prescriptiva (¿Qué hacer?)

La analítica prescriptiva es donde la inteligencia artificial y el *big data* entran en acción. La analítica prescriptiva está destinada precisamente a prescribir el tipo de acción que se debe tomar para tratar el problema futuro. A continuación, se incluye la analítica predictiva para ayudar a una empresa a comprender las razones principales de las complicaciones y encontrar la mejor solución.

También comparte información sobre los resultados posibles y los resultados que maximizan eventualmente las métricas de negocios clave. Funciona mediante la combinación de modelos matemáticos, muchas reglas de negocio y datos. Los datos pueden ser tanto internos como externos y las reglas comerciales son preferencias, límites, mejores prácticas, entre otras restricciones. Los modelos matemáticos incluyen el procesamiento del lenguaje natural, el aprendizaje automático, la estadística y la investigación de operaciones (entre otros).

La analítica prescriptiva es de naturaleza compleja, pero cuando su empresa lo usa, tiene un gran impacto en las operaciones generales y el crecimiento del negocio en el futuro. Un buen ejemplo de analítica prescriptiva sería una aplicación de tráfico que permita seleccionar la ruta más fácil a su casa, cuando coteja la distancia de la ruta, la velocidad a la que viaja y las restricciones de tráfico existentes. Sin duda, Uber, la compañía de taxis, debe confiar en esto tremendamente para recomendar rutas a sus conductores asociados y para recomendar automóviles a los clientes en función de la proximidad, el tráfico y otros parámetros.

Por lo tanto, la analítica prescriptiva ayuda a recomendar el tipo de acción a tomar para erradicar un problema en el futuro o hacer uso de una tendencia favorable.

Este tipo de datos, que generalmente se describe como "estado del arte", no solo requiere datos históricos, sino también información externa debido a la naturaleza de los algoritmos estadísticos. Además, la analítica prescriptiva utiliza tecnologías sofisticadas como los algoritmos y otros mencionados anteriormente, que también lo hacen muy sofisticado para administrar e implementar. Esta es exactamente la razón por la cual una empresa tiene que comparar los esfuerzos necesarios contra el valor agregado que espera antes de optar por adoptar la analítica prescriptiva.

Las tendencias recientes muestran que muchas más compañías están comenzando a apreciar las soluciones de *big data* y esperan implementar analíticas de datos. No obstante, deben seleccionar el tipo correcto de soluciones analíticas para mejorar el retorno de la inversión (ROI), reducir los costos operativos y aumentar la calidad del servicio.

Entonces, ¿cuáles son los tipos de analíticas de datos que las empresas suelen elegir?

Para saber si hay un tipo de analítica de datos prevaleciente, podemos recurrir a las encuestas actuales realizadas sobre el tema.

Una de las encuestas es grandes decisiones: datos globales y encuesta analítica en la que PwC solicitó a más de 2000 ejecutivos que seleccionasen una categoría que describiese mejor el proceso de toma de decisiones de sus compañías. Además, se realizó un cuestionario a los jefes ejecutivos sobre el tipo de analíticas del que más dependen. Estos fueron los resultados:

En la categoría de 'toma de decisiones rara vez basada en datos', la analítica de diagnóstico obtuvo un 58% dominando la categoría.

En la categoría de análisis de diagnóstico 'un poco basado en datos', encabezó la lista con un 34%. Le siguieron de cerca las analíticas descriptivas, que tenían un 29% y las analíticas prescriptivas con un 28%.

En la categoría de 'altamente basado en datos', la analítica predictiva obtuvo un 36% liderando la categoría.

Con esta encuesta, ahora sabemos que debe haber una necesidad de uno u otro tipo de analítica en diferentes etapas del desarrollo de una empresa. En realidad, las compañías que se esfuerzan por tomar decisiones documentadas tienden a encontrar inadecuadas las analíticas descriptivas y agregan analíticas de diagnóstico y, en ocasiones, incluso tienden a ir más allá para incorporar analíticas predictivas.

La misma encuesta también revela otra tendencia. Los ejecutivos quieren que la toma de decisiones sea más rápida y sofisticada. Lo que esto significa es que más empresas intentarán aumentar gradualmente la proporción del análisis predictivo. Otra encuesta de tendencias de inteligencia empresarial del 2017 realizada por BARC confirma esta hipótesis. En la encuesta, 2800 ejecutivos confirmaron la creciente necesidad de minería de datos y analíticas predictivas.

A partir de los tipos de analíticas de datos, pasemos a una de las partes más importantes del libro: el proceso de analítica de *big data*.

Capítulo 7: El proceso: El ciclo de vida de la analítica *big data*

En las siguientes secciones, exploraremos un ciclo de vida específico de la analítica de datos que organiza y administra las actividades y tareas asociadas con el análisis de *big data*. Desde la adopción de *big data* y la perspectiva de planificación, debe tener en cuenta que, además del ciclo de vida, debe contemplar las cuestiones de capacitación, herramientas, educación y la contratación de un equipo de analítica de datos.

El ciclo de vida de las grandes analíticas se puede dividir en estas nueve etapas:

1. Evaluación del caso de negocio.

2. Identificación de los datos.

3. Adquisición y filtrado de datos.

4. Extracción de datos.

5. Validación y limpieza de datos.

6. Agrupación y representación de datos.

7. Análisis de datos

8. Visualización de datos

9. Utilización de los resultados del análisis

A continuación, una imagen que representa todo lo anterior.

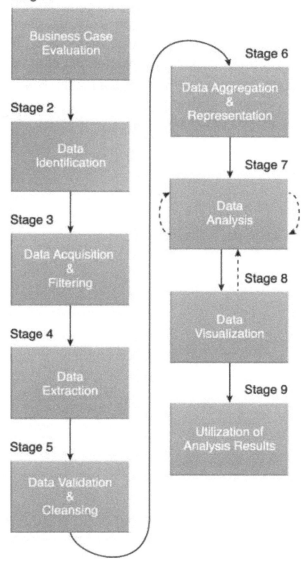

Discutiremos esto en detalle para ayudarle a comprender lo que implica cada uno de ellos.

1: Evaluación del caso de negocio

Cualquier ciclo de vida de analítica de datos debe comenzar con un caso de negocio correctamente definido que presente un claro conocimiento de la justificación, los objetivos y la motivación de llevar a cabo el análisis en primer lugar. La evaluación del caso de negocio ilustrada en la figura a continuación explica el hecho de que un caso de negocio debe crearse, evaluarse y aprobarse antes de continuar con las tareas de análisis práctico reales.

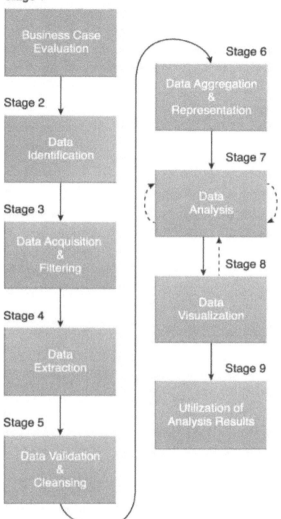

Una evaluación de caso de negocio mediante analítica de *big data* lo ayudará a usted, que es quien toma las decisiones, a comprender los recursos empresariales que necesitará y los desafíos que enfrentará el análisis. También debe ir más allá para identificar los KPI durante esta etapa para ayudar a determinar los criterios de la realización de la evaluación y la guía para la evaluación de resultados de la analítica. Si no se presentan los KPI, debe hacer un esfuerzo para que los objetivos del proyecto de análisis sean específicos, medibles, alcanzables, relevantes y oportunos (SMART).

Teniendo en cuenta los requisitos empresariales documentados en el caso de negocio, puede determinar si los problemas de la empresa que se están abordando son en realidad problemas relacionados con el *big data*. Si desea determinar si un problema empresarial es un problema de *big data*, debe ver que está relacionado directamente con una o más de las características de *big data* (velocidad, volumen, variedad).

También debe tener en cuenta que esta etapa producirá otro resultado: la determinación del presupuesto básico que se necesita para llevar a cabo el proyecto de análisis. Debe comprender por adelantado las herramientas, la capacitación y el hardware necesarios para la compra, de manera que pueda comparar la inversión anticipada con los beneficios de los objetivos a alcanzar (que se espera alcanzar al menos). La iteración inicial del ciclo de vida de la analítica de *big data* necesitará una mayor inversión en productos de *big data*, capacitación y tecnologías en comparación con las iteraciones posteriores en las que estas inversiones anteriores se pueden aprovechar repetidamente.

2: Identificación de los datos

La etapa de identificación de datos, como se muestra en la figura a continuación, está dedicada a aislar los conjuntos de datos necesarios para el proyecto de análisis y sus fuentes.

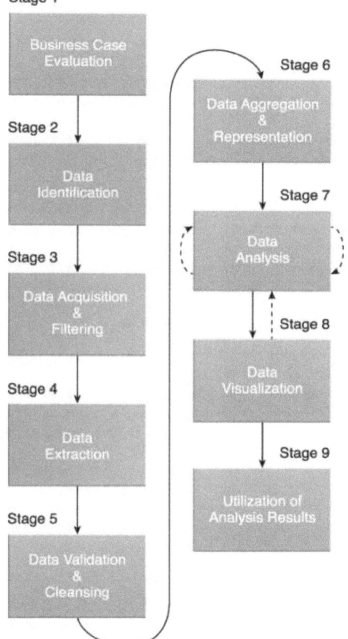

Stage 1
Business Case Evaluation

Stage 2
Data Identification

Stage 3
Data Acquisition & Filtering

Stage 4
Data Extraction

Stage 5
Data Validation & Cleansing

Stage 6
Data Aggregation & Representation

Stage 7
Data Analysis

Stage 8
Data Visualization

Stage 9
Utilization of Analysis Results

Cuando identifica una variedad más amplia de orígenes de datos, puede aumentar la probabilidad de descubrir correlaciones y patrones ocultos. Por ejemplo, para ofrecer una visión de negocio, puede ser útil identificar tantos tipos de fuentes de datos relacionadas como sea posible, particularmente cuando no está claro qué buscar exactamente. Según el alcance del proyecto de análisis del negocio y la naturaleza de los problemas en la empresa que se están abordando, los conjuntos de datos requeridos y sus fuentes pueden ser externos o internos a la empresa.

Si está tratando con conjuntos de datos externos, debe compilar una lista de posibles proveedores de datos de terceros y compilar los conjuntos de datos disponibles públicamente. También puede incorporar algunas formas de datos externos como blogs o sitios web basados en contenido; en este caso, es posible que deba recopilarlos a través de herramientas automatizadas.

3: La adquisición de datos y filtrado

Durante la etapa de adquisición y filtrado de datos, como se ilustra en la siguiente figura, los datos se recopilan de todas las fuentes de datos identificadas durante la etapa anterior. Los datos adquiridos se pasan a través del filtrado automatizado para poder eliminar los datos corruptos, o cualquier información que se considere que no tiene valor para los objetivos del análisis.

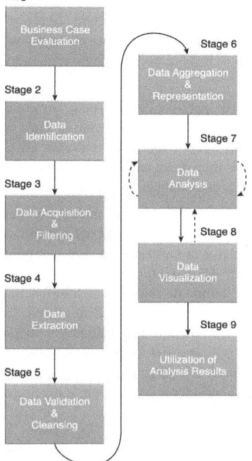

Los datos, según el tipo de origen, pueden venir como un grupo de archivos, como los datos comprados a un proveedor externo, o pueden necesitar integración con una API, como con Twitter. En la mayoría de los casos, especialmente con respecto a los datos externos no estructurados, algunos o la mayoría de los datos adquiridos pueden no ser relevantes y pueden desecharse como parte del proceso de filtrado.

Los datos que se clasifican como "corruptos" pueden incluir cosas como valores sin sentido, registros que tienen valores faltantes o aquellos que tienen tipos de datos no válidos. Los datos filtrados para un análisis pueden ser utilizables para varios tipos de análisis de datos por diferentes razones. Por lo tanto, se recomienda almacenar una copia idéntica del conjunto de datos original antes de continuar con el filtrado. Para reducir el espacio de almacenamiento requerido, puede comprimir esta copia.

Los datos externos e internos deben persistir después de generarse o después de que pasen a los ámbitos de nivel empresarial. Para el análisis por lotes, se supone que estos datos se conservarán en el disco justo antes del análisis. Si se trata de un análisis en tiempo real, los datos se analizan primero antes de continuar en el disco.

Como se muestra en la siguiente ilustración, puede agregar metadatos a través de la automatización de fuentes de datos externas e internas para mejorar la consulta y la clasificación. Los ejemplos de metadatos adjuntos incluyen la estructura y el tamaño del conjunto de datos, los datos y el tiempo de creación, la información de origen o la recopilación y la información específica de idioma. Es crucial que los metadatos sean legibles por una máquina y luego pasen a lo largo de las etapas posteriores del análisis. Esto ayuda a mantener la procedencia de los datos a lo largo del ciclo de vida (de la analítica *big data*), que ayuda a establecer y preservar la precisión y la calidad de los datos.

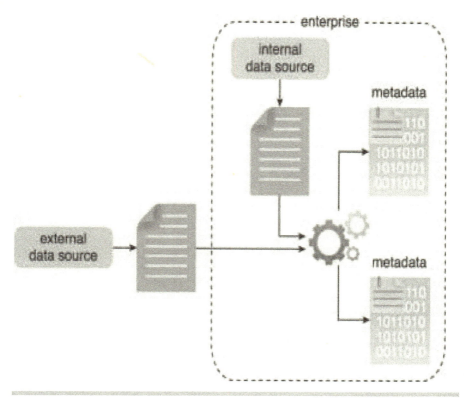

4: La extracción de datos

Algunos de los datos reconocidos como entrada para el análisis pueden llegar en un formato que es incompatible con la solución *big data*. La necesidad de abordar distintos tipos de datos es más probable con los datos de las fuentes externas. Puede consultar la etapa del ciclo de vida de extracción de datos en la siguiente figura. Por lo general, se pretende extraer datos distintos y convertirlos en un formato soportado que pueda ser utilizado por la solución *big data* para ayudar con el análisis.

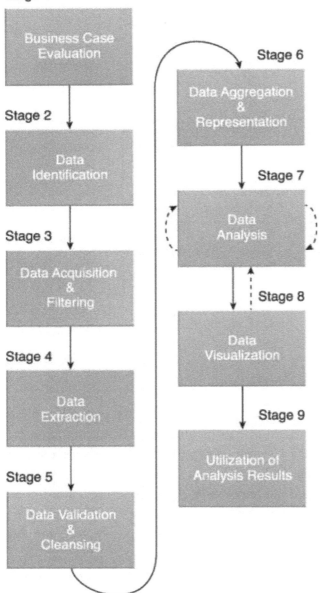

El grado de transformación y extracción necesario depende en gran medida de los tipos de analíticas y también de las capacidades de la solución de *big data*. Por ejemplo, extraer los campos requeridos de cualquier dato de texto delimitado, como archivos de registro del servidor web, puede no ser tan importante si la solución de *big data* núcleo puede procesar estos archivos directamente.

Del mismo modo, la extracción de texto (para realizar análisis de texto) se vuelve simple si la solución de *big data* núcleo puede leer el documento directamente en su formato nativo (nota: la extracción de texto para análisis básicamente requiere escanear documentos completos). La figura a continuación muestra la extracción de comentarios y un identificador de usuario incrustado (en un documento XML) que carece de la necesidad de una mayor transformación.

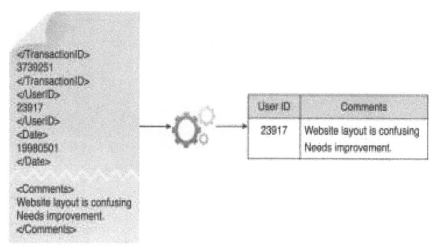

La figura a continuación ilustra la extracción de las coordenadas de longitud y latitud de una persona de un campo JSON.

Se requiere más transformación para poder separar los datos en dos campos distintos, según lo requiera la solución *big data*.

5: Validación y limpieza de los datos

Como probablemente sepa, los datos no válidos pueden sesgar y falsear fácilmente los resultados del análisis. A diferencia de los datos empresariales antiguos, donde la estructura de los datos está predefinida y los datos en sí mismos se validan previamente, los datos ingresados en los diversos análisis de *big data* pueden realmente no estructurarse sin una indicación de validez. La complejidad que conlleva puede hacer que sea más difícil llegar a un grupo de restricciones de validación apropiadas.

A continuación, se muestra una imagen de la etapa de limpieza y validación de datos.

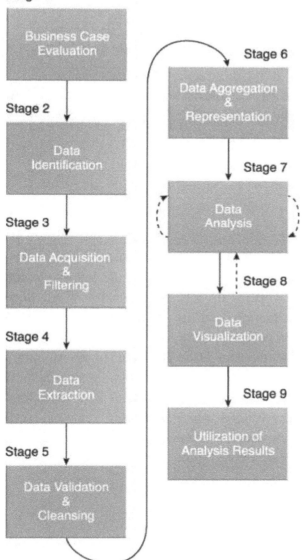

Stage 1

Business Case Evaluation

Stage 2

Data Identification

Stage 3

Data Acquisition & Filtering

Stage 4

Data Extraction

Stage 5

Data Validation & Cleansing

Stage 6

Data Aggregation & Representation

Stage 7

Data Analysis

Stage 8

Data Visualization

Stage 9

Utilization of Analysis Results

Por lo general, las soluciones *big data* obtienen datos redundantes en varios conjuntos de datos, y esto se puede aprovechar para buscar en conjuntos de datos interconectados y poder reunir parámetros de validación para completar los datos que faltan.

La siguiente figura es un buen ejemplo:

▪En el conjunto de datos B, el primer valor se valida contra su valor coincidente en el otro conjunto de datos (B).

▪En el conjunto de datos B, el segundo valor no se valida contra su valor coincidente en A.

▪Si el valor está ausente, se inserta automáticamente desde A.

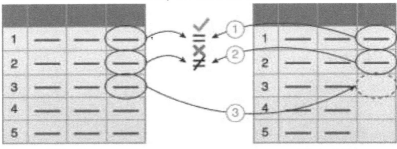

Dataset A   Dataset B   La

limpieza y validación de datos para el análisis de lotes se puede realizar a través de la operación ETL sin conexión. Cuando se trata de análisis en tiempo real, se necesita un sistema en memoria que sea más complejo para validar y también limpiar los datos a medida que ingresan desde la fuente. Al determinar la calidad y la precisión de datos cuestionables, la procedencia puede desempeñar un papel muy importante. Los datos que aparentemente no son válidos aún pueden ser valiosos en el sentido de que pueden contener tendencias y patrones ocultos, como se muestra en la siguiente figura.

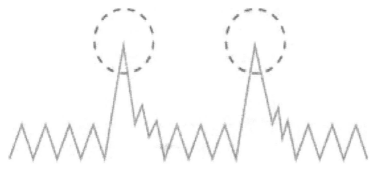

Los datos no válidos producen picos, pero al menos indican un nuevo patrón, aunque parezca anormal.

6: Agrupación y representación de los datos

Los datos pueden distribuirse en muchos conjuntos de datos, lo que requiere que los conjuntos de datos se vinculen mediante campos comunes, por ejemplo, ID o fecha. De otro modo, los mismos campos de datos pueden aparecer en numerosos conjuntos de datos, como la fecha de nacimiento. De cualquier manera, es necesario un método de conciliación de datos o se deben determinar los datos que representan el valor correcto.

La agrupación de datos, así como la etapa de representación que se muestra a continuación, tienen como objetivo integrar diferentes conjuntos de datos para tener una vista unificada.

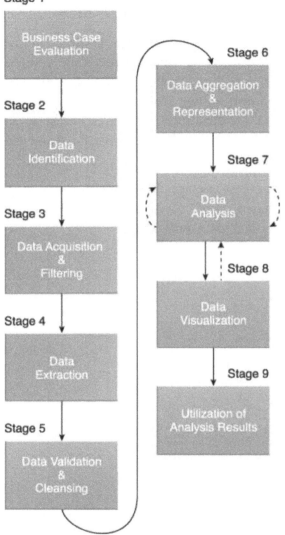

Stage 1

Business Case Evaluation

Stage 2

Data Identification

Stage 3

Data Acquisition & Filtering

Stage 4

Data Extraction

Stage 5

Data Validation & Cleansing

Stage 6

Data Aggregation & Representation

Stage 7

Data Analysis

Stage 8

Data Visualization

Stage 9

Utilization of Analysis Results

La ejecución de esta etapa puede ser complicada debido a las diferencias en lo siguiente:

Estructura de datos: si bien el formato de los datos puede ser el mismo, el modelo de los datos puede no serlo.

Semántica: un valor etiquetado de manera diferente en dos conjuntos de datos diferentes puede tener el mismo significado, por ejemplo, "apellido" y "primer apellido".

Los enormes tamaños procesados por las soluciones de *big data* pueden hacer que la agrupación de datos sea una operación que requiera tiempo y esfuerzos intensos. El ajuste de estas diferencias puede requerir una lógica compleja que se ejecute automáticamente sin la intervención humana.

Los requisitos del análisis de datos en el futuro deben analizarse durante esta etapa para ayudar a fomentar la reutilización de los datos. Se necesite o no la agrupación de datos, es importante darse cuenta de que los mismos datos se pueden mantener en muchas formas diferentes. Una forma puede ser más adecuada para un tipo específico de análisis que otra. Por ejemplo, los datos almacenados como BLOB tendrían poco uso si el análisis necesita acceder a campos de datos individuales.

Una estructura de datos que está estandarizada por la solución de *big data* puede asumir el rol de un denominador común que se puede usar para muchos proyectos y técnicas de análisis. Esto puede requerir la creación de un repositorio central y estándar para el análisis como una base de datos NoSQL; la figura a continuación describe un buen ejemplo.

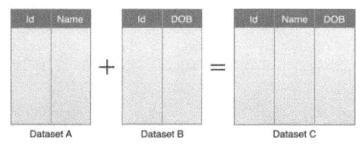

La figura anterior muestra un ejemplo de agrupación de datos en el que dos conjuntos de datos se combinan o agregan utilizando el campo ID.

La siguiente figura ilustra el mismo dato almacenado en dos formatos diferentes. El conjunto de datos A tiene el dato deseado, pero es parte de un BLOB que no está disponible (para acceso) para consultas. El segundo conjunto de datos (B) tiene la misma pieza de datos organizada en el almacenamiento que se basa en columnas, lo que permite que cada campo tenga su propia consulta (individual).

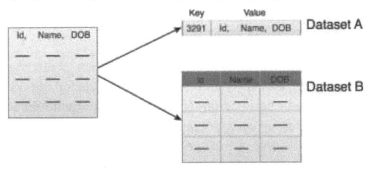

De acuerdo con la figura anterior, los conjuntos de datos A y B se pueden unir para crear una estructura de datos estandarizada con una solución *big data*.

7: Análisis de datos

El análisis de datos ilustrado en la figura a continuación está destinado a realizar la tarea de análisis en sí, que básicamente involucra uno o más tipos de análisis. Por naturaleza, esta etapa puede ser iterativa, particularmente si el análisis es exploratorio, lo que significaría que el análisis de casos se repite hasta que se descubra la correlación o patrón correcto. En breve se explicará el enfoque del análisis exploratorio (por supuesto, junto con el análisis confirmatorio).

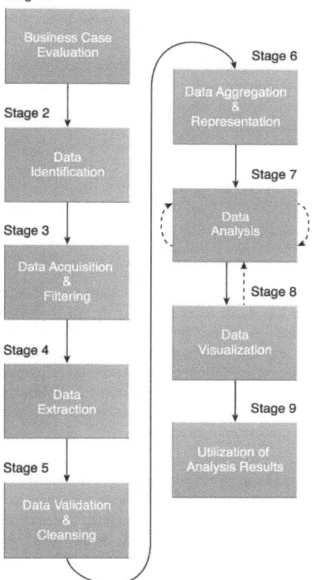

Esta etapa puede ser tan fácil como hacer una consulta a un conjunto de datos para calcular una agrupación por comparación, dependiendo del tipo de resultado final analítico necesario. Por otro lado, puede ser tan desafiante como reunir las técnicas de análisis estadístico complejo y minería de datos para descubrir las anomalías y los patrones, o para generar un modelo matemático o estadístico para representar las relaciones entre las variables.

El análisis de datos se puede clasificar como análisis exploratorio o análisis confirmatorio, el primero de los cuales está relacionado con la minería de datos. Vea la figura de abajo.

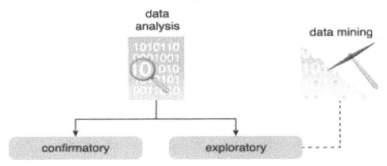

El análisis confirmatorio de los datos es simplemente el enfoque deductivo en el que se sugiere de antemano la causa del fenómeno investigado. El supuesto o causa propuesta se conoce como hipótesis. Los datos se analizan posteriormente para refutar o probar la hipótesis y ofrecer respuestas definitivas a una serie de preguntas. Las técnicas de muestreo de datos son usualmente utilizadas. Cualquier anomalía o hallazgo inesperado generalmente se ignora porque hubo una causa predeterminada asumida.

Por otro lado, el análisis exploratorio de datos es simplemente un enfoque inductivo asociado muy estrechamente con la minería de datos. Aquí, no hay generación de hipótesis o supuestos predeterminados. Por el contrario, los datos se someten a un análisis para comprender la causa del fenómeno. A pesar de que realmente no puede aportar respuestas definitivas, el método ofrece una dirección general en la que se facilita el descubrimiento de anomalías o patrones.

8: Visualización de datos

La capacidad de analizar una cantidad masiva de datos para obtener información importante tiene muy poco valor si los analistas son los únicos que pueden interpretar los resultados.

La etapa de visualización de datos, como se muestra en la figura a continuación, tiene como objetivo utilizar herramientas y técnicas de visualización de datos para representar los resultados del análisis gráficamente para que los usuarios de negocio los interpreten de manera efectiva.

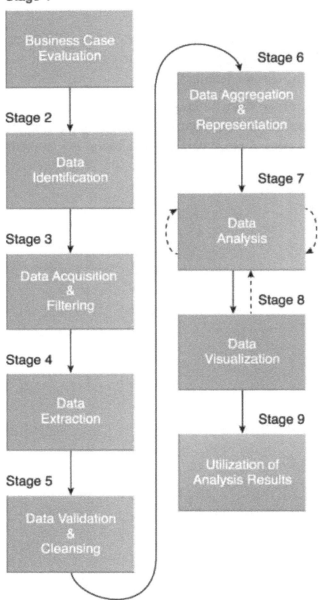

Como usuario de negocios, debe poder comprender los resultados para poder obtener valor del análisis y, a su vez, tener la capacidad de proporcionar críticas y mejoras, como lo indica la línea discontinua que va desde la octava etapa hasta la séptima.

Los resultados de terminar la etapa de visualización de datos les dan a los usuarios la capacidad de hacer un análisis visual, que a su vez les permite descubrir respuestas a preguntas que los usuarios aún no han formulado.

Estos resultados se pueden presentar de diferentes maneras, y esto puede influir en su interpretación. Por lo tanto, es importante utilizar la técnica de visualización más adecuada manteniendo el dominio de la empresa en contexto.

También debe tener en cuenta algo más: es crucial proporcionar un método para profundizar en estadísticas relativamente simples, de modo que los usuarios entiendan cómo se produjeron los resultados agrupados o acumulados.

9: Utilización de los resultados del análisis

Después de que los resultados del análisis se utilicen para apoyar la toma de decisiones para los negocios a través de paneles de control, puede haber más oportunidades para aprovechar los resultados. Como se muestra en la figura a continuación, la utilización de los resultados del análisis tiene por objeto determinar cómo y dónde se pueden aprovechar aún más los datos procesados del análisis.

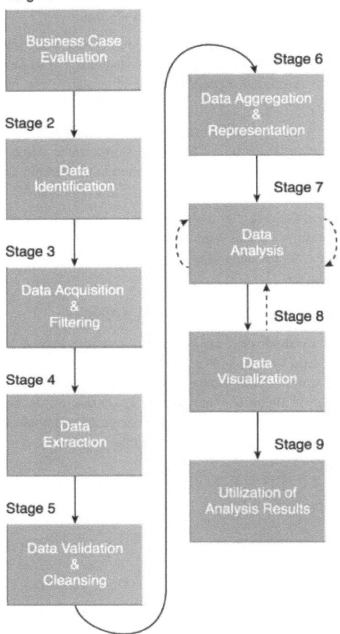

Es posible que los resultados del análisis soporten modelos que encapsulen nuevas percepciones y conocimientos acerca de la naturaleza de las relaciones y patrones existentes dentro de los datos analizados; esto depende de la naturaleza de los problemas del análisis que se están abordando. Un modelo puede parecerse a un conjunto de reglas o una ecuación matemática. Usted puede usar modelos para avanzar la lógica del sistema de aplicación y la lógica del proceso de negocios, y pueden ser la base de un programa de software o un nuevo sistema.

Durante esta etapa, tenemos áreas comunes que generalmente se exploran, que incluyen lo siguiente:

Entrada en sistemas empresariales: los resultados del análisis de datos pueden incorporarse al sistema empresarial directamente, ya sea de forma manual o automática para optimizar y mejorar su rendimiento y comportamiento. Por ejemplo, puede hacer uso en una tienda en línea de los resultados de los análisis relacionados con el cliente, lo que puede tener un impacto en la forma en que aparecen las recomendaciones de productos. Puede usar nuevos modelos para mejorar la lógica de programación dentro de los sistemas empresariales existentes o pueden convertirse en la base de sistemas nuevos.

Orientación del proceso de negocio: las correlaciones, anomalías y patrones de negocios descubiertos durante el análisis de datos se utilizan para perfeccionar el proceso de negocio. Un buen ejemplo puede ser la consolidación de las rutas de transporte como parte del proceso de la cadena de suministro. Los modelos también pueden generar oportunidades para avanzar en la lógica del proceso empresarial.

Alertas: los resultados del análisis de datos también pueden usarse como entrada para las alertas prevalecientes o pueden convertirse en la base de alertas nuevas. Por ejemplo, puede crear alertas para informar a los usuarios sobre un evento, que necesita que realicen una acción correctiva a través de mensajes de texto SMS o correo electrónico.

Un ejemplo de caso de estudio.

Una gran parte del equipo de IT de ETI está convencido de que *big data* es la solución destinada a abordar todos sus problemas en este momento. No obstante, los miembros de IT que están capacitados señalan que adoptar *big data* no es lo mismo que simplemente adoptar una plataforma de tecnología. En su lugar, primero deben considerarse varios factores para que *big data* se adopte con éxito. Por lo tanto, para asegurarse de que el impacto de los factores relacionados con el negocio se entienda completamente, el equipo de IT tiene reuniones con los gerentes del negocio para elaborar un informe de viabilidad. Cuando el personal de negocios está involucrado en esta etapa temprana, ayuda a crear un entorno que disminuye la brecha entre las expectativas percibidas de la dirección y lo que realmente pueden ofrecer las tecnologías de la información.

Se cree que cuando se adopte *big data* (que está orientado a los negocios), ayudará a la ETI a alcanzar sus objetivos. Las capacidades de *big data* para mantener y procesar una gran cantidad de datos no estructurados, y reunir muchos conjuntos de datos diferentes ayudarán a la ETI a comprender el riesgo. Por lo tanto, la compañía espera poder reducir pérdidas (como resultado) al aceptar solo a los clientes con menos riesgo. Del mismo modo, la ETI luego predice la capacidad de la empresa para analizar datos de comportamiento no estructurados con respecto a un cliente determinado y luego descubrir cualquier comportamiento inusual, lo que ayudará a reducir las pérdidas, ya que la empresa puede rechazar cualquier reclamo fraudulento.

La decisión de capacitar al equipo de IT en el campo de *big data* ha mejorado la preparación de la ETI para acoger *big data*. El equipo ahora cree que tiene las habilidades fundamentales que se necesitan para emprender una iniciativa de *big data*. Los datos identificados y también categorizados anteriormente colocan al equipo en una buena posición para decidir sobre las tecnologías necesarias. La participación significativamente temprana del equipo de dirección de la empresa también ofrece una gran cantidad de información clave que les permite anticipar cualquier cambio que pueda ser necesario en el futuro para ajustar (con cualquier requisito que vaya a surgir) la solución *big data*.

En esta etapa, solo se han identificado algunas fuentes de datos externos, como los datos del censo y las redes sociales. El personal de negocio acordó que se realizará un presupuesto adecuado para adquirir los datos de proveedores externos. En términos de privacidad, los dueños del negocio han demostrado ser un poco cautelosos, ya que obtener datos adicionales sobre los clientes podría fácilmente generar cierta desconfianza entre estos. No obstante, se piensa que una introducción de un esquema que esté impulsado por incentivos como primas reducidas puede ayudar mucho a ganar la confianza y el consenso de los clientes. En cuanto a problemas de seguridad, el equipo de IT observa que se debe plantear un esfuerzo adicional en el desarrollo para garantizar que los controles de acceso estandarizados y basados en roles se configuren bien para cualquier información que se encuentre en la configuración de la solución *big data*. Esto es especialmente relevante para que la base de datos de código abierto contenga datos no relacionales.

A pesar de que los usuarios de negocio han mostrado entusiasmo por poder realizar análisis profundos utilizando datos no estructurados, plantean una pregunta sobre el nivel en el que pueden confiar en los resultados, ya que el análisis incluye datos de proveedores externos. A esto, el equipo de IT responde que habrá una adopción de un marco para la adición y actualización de metadatos para cada conjunto de datos almacenados y procesados para mantener la procedencia constantemente y para que el procesamiento de los resultados se pueda rastrear hasta el final, hasta las fuentes básicas y constitutivas de los datos.

El objetivo actual de ETI incluye reducir el tiempo necesario para resolver reclamaciones y detectar reclamaciones fraudulentas. Se requerirá una solución para el logro de estos objetivos. Esta es una solución que proporciona resultados a tiempo. No obstante, no se espera que se necesite un análisis en tiempo real del soporte de datos. Según el equipo de IT, estos objetivos se pueden cumplir fácilmente cuando se desarrolla una solución de *big data* basada en lotes que aprovecha la tecnología de *big data* de código abierto.

La infraestructura de IT actual de ETI comprende estándares relativamente antiguos de redes. Del mismo modo, las especificaciones de la mayoría de estos servidores, como la velocidad del procesador, la velocidad del disco y la capacidad, muestran que son incapaces de ofrecer un rendimiento óptimo de procesamiento de datos. Por lo tanto, se acuerda que la infraestructura de IT debe actualizarse antes de que se pueda diseñar y construir una solución de *big data*.

Tanto los equipos de IT como los equipos de negocio creen firmemente que se necesita un marco de "gobernanza de *big data*" para ayudarlos a homogeneizar el uso de diferentes fuentes de datos, así como para cumplir con todas las regulaciones relacionadas con la privacidad de los datos. Además, debido al enfoque de negocio del análisis de datos y para garantizar que se generen resultados de análisis significativos, se debe adoptar un enfoque de análisis de datos iterativos en el que se incluya el personal de negocios del departamento correspondiente. Por ejemplo, en el caso de mejorar la retención de clientes, el equipo de ventas y marketing puede incorporarse en el proceso de análisis de datos desde la selección de conjuntos de datos para garantizar que se seleccionen los atributos más relevantes para estos conjuntos de datos. Después de algún tiempo, el equipo de negocios podría ofrecer opiniones sobre la aplicabilidad y la interpretación de los resultados del análisis.

En términos de computación en la nube, el equipo de IT toma nota de que los sistemas no están alojados en la nube actualmente y que el equipo no tiene ningún perfil relacionado con la nube. Estos hechos, junto con las preocupaciones relacionadas con la privacidad de los datos, llevan al equipo de IT a decidir crear una solución *big data* "en las instalaciones". Como lo señala el grupo, es necesario mantener abierto el alojamiento basado en la nube, ya que hay especulaciones sobre la posible llegada de una solución de CRM de software como servicio alojado en la nube que reemplazaría su sistema de CRM interno en el futuro.

El ciclo de vida de la analítica de big data.

El viaje de *big data* de ETI ha llegado a la etapa en la que su equipo de IT tiene las habilidades necesarias y la administración está convencida de los beneficios potenciales que una solución de *big data* puede ofrecer para respaldar los objetivos de negocio. Los directores y CEO están muy ansiosos por presenciar *big data* en acción. El equipo de IT (junto con el personal de negocios), en respuesta a esto, asume el primer proyecto de *big data* de ETI; El objetivo se selecciona como la solución de *big data* inicial. Luego, el equipo sigue un enfoque paso a paso, según lo establecido por el análisis del ciclo de vida de *big data*, en los esfuerzos para lograr este objetivo.

Evaluación de casos de negocio

La implementación del análisis de *big data* para la detección de reclamaciones fraudulentas corresponde directamente a una reducción en la pérdida monetaria y, por lo tanto, conlleva un respaldo empresarial completo. Aunque el fraude se produce en los cuatro sectores empresariales de ETI, el alcance del análisis de *big data* se limita a la identificación de fraudes en el sector de la construcción, con el fin de garantizar que el análisis sea más sencillo.

ETI ofrece seguros de construcción y vivienda a clientes comerciales y nacionales. Aunque el fraude de seguros puede ser organizado y oportunista al mismo tiempo, el fraude oportunista en forma de exageración y mentiras cubre la mayoría de los casos. Para medir el éxito de la solución de *big data* con respecto a la detección de fraude, uno de los indicadores clave de rendimiento (KPI) es la disminución de las reclamaciones fraudulentas en un 15 por ciento.

Cuando se toma en cuenta el presupuesto, el equipo decide centrar su mayor gasto en la adquisición de una nueva infraestructura que sea adecuada para crear un entorno para la solución *big data*. Aprecian que principalmente aprovecharán las tecnologías de código abierto para implementar el procesamiento por lotes y, por lo tanto, no consideran que se necesite una gran inversión inicial para las herramientas. No obstante, cuando ponen en consideración el ciclo de vida de análisis de *big data* más grande, se dan cuenta de que deben presupuestar para adquirir herramientas adicionales de limpieza y calidad de datos y tecnologías más novedosas de visualización de datos. Una vez que se tienen en cuenta estos gastos, un análisis de costo-beneficio muestra que la inversión de la solución de *big data* puede muy bien recuperarse varias veces si se pueden lograr los KPI para la detección de fraudes. En última instancia, el equipo cree que existe un caso de negocio sólido porque utiliza *big data* para mejorar el análisis de datos.

Identificación de datos

Se identifican algunos conjuntos de datos externos e internos. Los datos internos comprenden documentos de solicitud de seguro, notas del perito de reclamaciones, datos de pólizas, fotografías de incidentes, correos electrónicos y notas del agente del centro. Los datos externos incluyen datos de redes sociales, datos geográficos, datos de censos e informes meteorológicos. Casi todos los conjuntos de datos se remontan a 5 años. Los datos de la reclamación comprenden datos históricos de la misma, que a su vez comprenden diferentes campos donde uno de ellos especifica si la reclamación fue legítima o fraudulenta.

Adquisición y filtrado de los datos.

Los datos de la póliza se obtienen del sistema de administración de pólizas, los datos de reclamaciones y las fotos de incidentes; las notas del perito se obtienen del sistema de gestión de reclamaciones; los documentos de solicitud de seguro se adquieren del sistema de gestión de documentos. Las notas del perito de reclamaciones están actualmente dentro de los datos de la reclamación. Por lo tanto, se extraen mediante un proceso separado. Los correos electrónicos y las notas del agente del centro de llamadas se obtienen del sistema CRM (Customer Relationship Management).

Los otros conjuntos de datos se reciben de los proveedores de datos de terceros y se almacena una copia de la forma original de los conjuntos de datos completos en el disco comprimido. Se realiza un seguimiento de los siguientes metadatos para capturar el original de cada conjunto de datos; esto incluye el nombre del conjunto de datos, la fuente, la suma de comprobación o *checksum*, el formato, el tamaño, la fecha de adquisición y el número de registros. Una rápida verificación de la calidad de los datos de los informes meteorológicos y las fuentes de Twitter muestra que aproximadamente el cinco por ciento de los registros están corruptos. Como resultado, se inician dos procesos de filtrado por lotes para erradicar estos registros.

Extracción de datos

El equipo de IT observa que una serie de conjuntos de datos requerirán un procesamiento previo para extraer los campos requeridos. Por ejemplo, el formato JSON es el formato del conjunto de datos de *tweets*. La "marca de tiempo", la "identificación del usuario" y el "texto" del *tweet* deben extraerse y transformarse en una forma tabular para que sea posible analizar los *tweets*. Además, el conjunto de datos meteorológicos viene en un formato XML jerárquico y campos como 'pronóstico de temperatura', 'pronóstico de nieve', 'pronóstico de velocidad del viento', 'marca de tiempo', 'pronóstico de inundación' y 'pronóstico de la dirección del viento' son extraídos y guardados en forma de tabla.

Validación de datos y limpieza

En un esfuerzo por mantener los costos al mínimo, la ETI está utilizando actualmente versiones gratuitas de los conjuntos de datos del clima y del censo, cuya precisión total no está garantizada. Debido a esto, estos conjuntos de datos tienen que ser validados y también limpiados. A partir de la información de campo publicada, es posible que el equipo verifique los campos extraídos en busca de datos incorrectos o errores tipográficos; esto también incluye la validación de rango y el tipo de datos. Como regla general, no se puede eliminar un registro si tiene un nivel significativo de información, aunque algunos de sus campos puedan tener datos no válidos.

Agrupación y Representación de Datos

Para un buen análisis de datos, se considera más prudente combinar datos de reclamaciones, datos de pólizas y notas del agente de llamadas en un conjunto de datos tabulares en los que se pueda hacer referencia a cada campo a través de una consulta de datos. Aparentemente, esto no solo ayudará con la tarea actual de análisis de datos, que implica la detección fraudulenta de reclamaciones, sino que también ayudará con las otras tareas de análisis de datos como la resolución rápida de reclamaciones y la evaluación de riesgos. El conjunto de datos resultante se guarda en una base de datos NoSQL.

Análisis de datos

En esta etapa, el equipo de IT convoca a los analistas de datos porque el equipo en sí no tiene el conjunto de habilidades adecuado para analizar los datos para detectar reclamaciones fraudulentas. La naturaleza de las reclamaciones fraudulentas primero debe analizarse para que se descubran las características que las distinguen de una reclamación legítima. Para ello, se utiliza el enfoque de análisis exploratorio de datos. Una serie de técnicas se aplican como parte de este análisis específico. Esta etapa se repite básicamente varias veces, ya que los resultados producidos después del primer paso no son tan concluyentes como para comprender qué hace que una reclamación fraudulenta sea diferente de una legítima. Como parte de esta actividad, los atributos que se consideran menos indicativos de una reclamación fraudulenta se rechazan y los que tienen una relación directa se añaden o se mantienen.

Visualización de datos

El equipo ha descubierto un par de hallazgos interesantes y ahora tiene que enviar los resultados a las aseguradoras, actuarios y peritos de reclamaciones. Se utilizan diferentes métodos de visualización: incluyen diagramas de dispersión y gráficos de barras / líneas. Los diagramas de dispersión se utilizan básicamente para hacer un análisis de grupos de reclamaciones fraudulentas y legítimas, considerando los diversos factores, como la edad de la póliza, la edad del cliente, las reclamaciones realizadas y su valor.

Utilización de los resultados del análisis

De acuerdo con los resultados del análisis de datos, los gestores de reclamaciones y las aseguradoras ahora han desarrollado una comprensión de la naturaleza de las reclamaciones fraudulentas. No obstante, para lograr beneficios concretos de este ejercicio de análisis de datos, se crea un modelo; este modelo se basa en una técnica de aprendizaje automático, y luego se fusiona con el sistema de procesamiento de reclamaciones vigente para identificar reclamaciones fraudulentas.

A medida que nos acercamos a la última sección del libro, hay algo en la analítica del comportamiento que se podría haber mencionado ligeramente en los capítulos anteriores de este libro y que deberíamos analizar con más detalle: esto es encontrar los patrones de comportamiento de los clientes. En caso de que no sepa exactamente cómo puede descubrir estos patrones para aprovechar al máximo su negocio, es mejor que preste atención.

Capítulo 8: Analíticas de comportamiento: Utilización de analíticas de big data para encontrar patrones de comportamiento ocultos en los clientes

A lo largo de la historia, las compañías solo han podido rastrear cierta cantidad de información sobre sus clientes, como números de teléfono, nombres y transacciones. Sin embargo, ahora podemos rastrear casi todos los momentos clave de nuestras vidas y convertir esta información en datos.

Las empresas ahora pueden acceder a una gran cantidad de información nueva sobre su base de clientes a través de numerosos puntos de decisión, que incluyen sus reacciones a diversos estímulos en anuncios y redes sociales.

Las empresas tienen muchas oportunidades de comprender mejor cómo llegan sus clientes a las distintas decisiones, así como predecir las futuras conductas / respuestas de los clientes ante diferentes estímulos. Esto significa que un cliente puede no saber necesariamente por qué compró una chaqueta, pero el negocio del cual la compró sí. Las nuevas y efectivas técnicas permiten a las empresas analizar diferentes puntos de datos durante un largo período de interacciones para desglosar cómo los clientes toman sus decisiones.

Como ustedes saben, esta afluencia de datos es realmente muy emocionante, pero también es difícil de interpretar.

Los datos no tienen sentido si no hay capacidad para interpretarlos correctamente, y aquí es donde intervienen los análisis de comportamiento. Al igual que con el análisis de causa raíz de los patrones climáticos, el comportamiento humano también puede predecirse si se dispone de la información correcta.

Los objetivos del análisis de comportamiento son comprender por qué y cómo los consumidores se comportan de la manera en que lo hacen, de modo que es posible predecir qué harán probablemente cuando se les coloque en nuevas situaciones. Como analista del comportamiento, cuando compila y analiza puntos de datos sin procesar como *tweets*, clics y compras en línea, puede descubrir todo tipo de impulsos internos ocultos. Este conocimiento ayudará a las empresas a comprender los enfoques a seguir en el marketing a diversos clientes en diferentes momentos y lugares.

Analíticas de comportamiento en el trabajo.

Actualmente, muchas empresas están utilizando estas analíticas. Por ejemplo, hay una empresa conocida como Brillio que trabajó con un minorista de los EE. UU. hace bastante poco. La compañía utilizó análisis de comportamiento para poder identificar las secciones más leales dentro de su base de clientes. Rastrearon a millones de personas a través de los años de transacciones y pudieron hacer varios descubrimientos útiles.

Entre ellos, averiguaron que los clientes que se comprometieron con este minorista en particular para la planificación de su boda se mantuvieron muy fieles a la marca durante un período de tiempo significativo y se convirtieron en uno de los tipos de clientes más valiosos que tenían. La compañía de hecho utilizó este dato crítico. Comenzaron a invertir y realizar campañas de marketing hacia los clientes que compartían los mismos rasgos subyacentes (sobre todo durante las ocasiones especiales) y generaron un aumento significativo de los ingresos y un valor de larga duración.

En otro minorista, la compañía aprovechó un motor de aprendizaje profundo para predecir las decisiones de compra del cliente. Cuando los clientes compran un par de zapatos o una camisa, su cerebro toma millones de decisiones al mismo tiempo. La compañía creó lo que se conoce como un algoritmo de red neuronal para el minorista, modelando las muchas decisiones que tienen lugar en el cerebro cuando se las expone a diversas formas de estímulos. Este algoritmo ayudó a la compañía a mapear los diferentes gustos de los clientes y pudieron usar el mapa para poder predecir diferentes comportamientos futuros. Para darle una ilustración, si un cliente elige un par específico de zapatos rojos, el algoritmo predeciría automáticamente su preferencia por una camisa en particular. El cliente de la compañía usó esta información para hacer sugerencias de marketing más efectivas y más específicas.

Entonces, ¿dónde puede empezar?

Como ya sabe, filtrar a través de *big data* es una gran tarea y, aunque parece que es demasiado para procesar, lo bueno es que puede ofrecer una ventaja competitiva a su negocio. Si su empresa aún no ha comenzado a utilizar las analíticas de *big data* para poder entender el comportamiento del cliente, nunca es demasiado tarde para comenzar. Comience con poco, pero comience ahora.

Busque un buen socio

Puede ser costoso y lento desarrollar esta capacidad en la empresa. La forma más rápida y segura de sumergirse en este espacio es trabajar con un socio que tenga un buen conocimiento y pueda guiarlo. Tan solo busque un experto consolidado que conozca bien su negocio y pueda asesorarlo sobre cómo extraer datos e interpretarlos para generar el tipo de conocimiento e ideas que necesita. Incluso si elige trabajar con un socio, eventualmente necesitará poseer esta capacidad. Por lo tanto, debe asegurarse de que el viaje se basa estratégicamente en ampliar sus propias habilidades (esto se determina durante la fase de generación de ideas después del análisis de datos).

Conteste las preguntas apropiadas

Antes de sumergirse a explorar sus datos, debe determinar las tres o cuatro preguntas importantes que deben responderse primero. Esto es importante porque, por lo general, es fácil dejar que nuevas posibilidades aparentemente emocionantes lo distraigan cuando comienza a observar los datos.

Las preguntas de muestra pueden ser: ¿quiénes son mis clientes favoritos? ¿Cómo compran estos clientes?

Cuando las defina, obtendrá un enfoque claro que lo ayudará a guiar el ecosistema de datos que desea definir.

Hágalo sostenible

Cuando comience a usar los datos para encontrar las respuestas a estas preguntas, es posible que desee considerar cómo las respuestas pueden cambiar con el tiempo. A medida que crea su ecosistema de datos, puede intentar describir un proceso que se pueda actualizar y recrear. De esta manera, podrá responder a las mismas preguntas críticas en el futuro y también podrá responder las nuevas preguntas que vayan surgiendo.

Por ejemplo, cuando se embarca en un procesamiento de datos importante, antes de un proyecto, debe pedir a sus equipos que recuerden estos pasos y que conserven todos los enlaces y fuentes. Esto le permite a su equipo de ingeniería de datos o socio ejecutar actualizaciones en el futuro cuando haya una generación de datos nuevos. Esta agilidad lo prepara para manejar los cambios a medida que ocurren.

No espere hasta que los datos sean impecables

Por último, pero no menos importante, este es el peor momento para ser un perfeccionista: existen análisis que pueden tardar varios años en hacerse bien. Los ejecutivos generalmente se demoran en tomar decisiones basadas en datos hasta que el análisis sea completamente correcto. Esto puede desperdiciar valiosos recursos y tiempo. En lugar de esperar a un resultado totalmente claro, debe prestar atención a las señales que contienen sus datos y saber que está tomando decisiones con un nivel de confianza particular (que en la mayoría de los casos es suficiente para tomar una decisión de sí o no).

En este caso, no olvide que a menudo es más arriesgado no correr riesgos. Si está listo y dispuesto a fallar rápidamente, a pequeña escala y sin costarle mucho, su empresa aprenderá y, como resultado, se volverá más fuerte y más inteligente. Para la gente con visión de futuro, el *big data* puede generar mayores ganancias. ¡Por lo tanto, necesita asociarse con las mejores herramientas y personas que pueda conseguir y meterse de lleno!

Un ejemplo real:

Capital one

Esta compañía ha estado, durante mucho tiempo, confiando en datos de comportamiento generar a sus ofertas a varios clientes. Por ejemplo, su motor de optimización de ofertas ayuda a analizar las características demográficas, así como los patrones de gasto de los clientes para determinar cuándo, dónde y cómo mostrar las ofertas a estos. Esto lleva a un mayor ingreso para la empresa y una mejor experiencia con la marca para los clientes. También han creado un grupo de expertos tecnológicos llamado Capital One Labs en el que los empleados examinan las oportunidades potenciales, como los nuevos modos de banca utilizando *big data.*

A medida que reflexiona sobre las analíticas del comportamiento, debe considerar otra cosa que es igualmente importante: la necesidad de un enfoque más avanzado de *big data* para ayudar con el descubrimiento de patrones, entre otras cosas.

En los últimos años, las empresas se han concentrado cada vez más en cómo almacenar y administrar *big data*. ¿Cómo deberían diseñar mejor la gestión del negocio para obtener valor de *big data* en términos de Hadoop, NoSQL, almacenamiento de datos tradicional y procesamiento complejo de eventos? ¿Deberían alojar nuestros datos en la nube o en las instalaciones? Aunque estas son preguntas comunes, en realidad no llegan al fondo de por qué *big data* es tan importante como tendemos a afirmar. Solo mediante el uso de análisis avanzados, es decir, utilizando el aprendizaje automático para ser más específico, las organizaciones pueden aprovechar su abundante experiencia, y extraerla para descubrir información de forma automática y generar modelos bastante predictivos para utilizar toda la información que ellos están capturando. Con esta tecnología, en lugar de analizar el pasado para generar informes, su empresa puede predecir lo que sucederá en el futuro mediante el análisis de los datos existentes.

Hablemos más sobre eso en el siguiente capítulo.

Capítulo 9: Descubrimiento de más patrones en analíticas avanzadas: aprendizaje automatizado (*machine learning*)

En pocas palabras, el valor del aprendizaje automático radica en su capacidad para crear con precisión modelos para guiar acciones en el futuro y descubrir patrones que nunca se han visto antes.

Existe una gran confusión sobre el significado real del aprendizaje automatizado con respecto a *big data*. Junto con el análisis predictivo, el análisis prescriptivo y el aprendizaje profundo, muchos proveedores de software afirman que realizan el aprendizaje automático. Es importante saber qué significan estos términos para que tanto los compradores como los proveedores sepan qué esperar de una solución de software en particular y dónde está su valor.

El aprendizaje automático o *machine learning* es básicamente la ciencia moderna de obtener patrones y generar predicciones a partir de datos basados en el trabajo de la minería de datos, estadísticas multivariadas, reconocimiento de patrones y análisis avanzado. Los métodos de aprendizaje automatizado son especialmente efectivos en situaciones donde se deben desentrañar perspectivas predictivas y profundas de conjuntos de datos grandes, diversos y que cambian rápidamente. A través de estos tipos de datos, el aprendizaje automático supera los métodos tradicionales con bastante facilidad en escala, velocidad y precisión. Por ejemplo, al realizar la detección de fraudes en el período de tiempo que se tarda en pasar una tarjeta de crédito, puede confiar en el aprendizaje automático para descartar la información que está vinculada con la transacción (como ubicación y valor), así como para aprovechar los datos históricos y datos sobre redes sociales para la correcta evaluación de posibles fraudes.

Los métodos de aprendizaje automático son muy superiores en el análisis de la combinación potencial de clientes a través de datos de muchas fuentes diferentes, como las fuentes de CRM, las fuentes transaccionales y las redes sociales. El aprendizaje automático de alto rendimiento podría hacer un análisis de todo el conjunto de *big data* en lugar de una muestra de este. Esta escalabilidad permite que las soluciones predictivas basadas en algoritmos complejos sean un poco más precisas, y también aumenta la importancia de la velocidad del software para interpretar los miles de millones de columnas y filas en tiempo real, y también en el análisis de datos de transmisión en vivo.

Si practica y desarrolla la tecnología de aprendizaje automatizado, se dará cuenta de que ya no es suficiente proporcionar la capacidad de lograr una predicción rápida, escalable y los conocimientos más precisos. Al final, para que el aprendizaje automático tenga un impacto positivo en nuestro mundo, debemos ofrecerlo de una forma más utilizable e inteligente.

Métodos de aprendizaje automatizado.

En el aprendizaje automático, se utilizan muchos métodos, pero los más adoptados popularmente son el aprendizaje supervisado y no supervisado. Describamos esto brevemente.

Aprendizaje supervisado

Aquí, los algoritmos se entrenan mediante el uso de ejemplos etiquetados como entrada donde se conoce la salida deseada. Por ejemplo, algunos equipos podrían tener puntos de datos etiquetados como E (ejecutados) o F (fallidos). El algoritmo de aprendizaje obtiene un conjunto de entradas junto con las salidas correctas correspondientes; el algoritmo aprende a través de una comparación de su salida real con las entradas correctas para obtener errores. Después de eso, modifica el modelo en consecuencia. El aprendizaje supervisado, a través de la regresión, la clasificación, el aumento de gradiente y otros métodos, utiliza patrones para hacer predicciones de los valores de la etiqueta en datos adicionales no etiquetados. El aprendizaje supervisado se usa generalmente en aplicaciones donde los eventos futuros se predicen utilizando datos históricos. Por ejemplo, puede "predecir" cuándo diferentes transacciones de tarjetas de crédito pueden ser fraudulentas, o qué clientes de aseguradoras tienen una alta probabilidad de hacer una reclamación.

Aprendizaje sin supervisión

Este se utiliza con respecto a los datos que no tienen ninguna etiqueta histórica. En este caso, el sistema no recibe la "respuesta correcta". En cambio, el algoritmo tiene que distinguir lo que se muestra. El objetivo aquí es explorar los datos y encontrar una estructura dentro. El aprendizaje no supervisado funciona perfectamente en los datos transaccionales. Por ejemplo, puede identificar segmentos de clientes con las mismas cualidades que separan segmentos de clientes entre sí. Las estrategias populares incluyen agrupamiento de k-medias, mapeo del vecino más cercano, descomposición de valores singulares y mapas auto organizados. Estos algoritmos también tienden a usarse para fraccionar segmentos de temas de texto, identificando datos atípicos y recomendando varios elementos.

Los siguientes pasos describen cómo aplicar el aprendizaje automático para mejorar sus análisis:

Aprender las bases

Debe aprender las bases detrás del aprendizaje automático, incluido lo que puede hacer con los datos y lo que no puede hacer. Por ejemplo, ¿conoce los métodos de aprendizaje automático y lo que significan? Incluso un poco de conocimiento contribuirá en gran medida a ayudarlo a identificar las oportunidades y los asesores para el análisis.

Comenzar con conectividad básica y recolección de datos

El viaje hacia el aprendizaje automático y el análisis avanzado comienza con la recopilación de datos y la conectividad básica. Este viaje implica identificar las diferentes preguntas, que se pueden responder mejor a través del análisis de datos junto con la identificación de los datos que se necesitarían para responder esas preguntas y luego configurar los procesos correctos para ayudar a recopilar el tipo correcto y la cantidad de datos para apoyar el aprendizaje automático apropiadamente.

Tener un objetivo claro

Debe asegurarse de tener un objetivo claro para la analítica. Entrene la máquina. Debe asegurarse de tener los datos y una buena comprensión de lo que la máquina debería aprender, o su éxito podría ser inalcanzable. No obstante, eso no significa que usted también necesite tener un plan completo. El mejor resultado del proyecto puede ser que los análisis puedan tener una sorpresa positiva.

Comenzar con un proyecto interno

Ahora busque un problema interesante que el equipo desee resolver y permítales desarrollar sus habilidades de aprendizaje automático mientras trabajan en un problema que les apasione.

Contratar a un experto

A continuación, busque un experto en datos que pueda trabajar con el patrocinador y el departamento de tecnología. Para el primer proyecto, seleccione algunas tareas fáciles que puedan representar el verdadero valor de negocio. Seleccione un proyecto en el que haya suficiente cantidad de datos y un resultado bien definido que se pueda demostrar. La aplicabilidad de los datos puede ser validada por el científico de datos.

Antes de correr, aprenda a gatear y caminar

Big data no siempre implica zettabytes, pero más datos siempre son mejores que los algoritmos más complejos. Si va a utilizar el aprendizaje automatizado para mejorar las analíticas, primero debe intentar gatear; esto significa recopilar todos los datos en un conjunto / lote para un análisis histórico completo. Para caminar, primero debe pasar a la recopilación en tiempo real y también al análisis descriptivo. Para correr, debe utilizar el mismo marco de tiempo real para la recopilación de análisis predictivo, así como de análisis prescriptivo.

Pruebe las herramientas gratuitas

En este punto, ahora puede obtener una serie de tecnologías o productos para probar. A través de Azure y AWS, puede obtener algo de tiempo libre para examinar las herramientas de aprendizaje automático para las analíticas de datos visitando sitios como **este**. Al ver las tecnologías disponibles, definitivamente aprenderá más y podrá ver el potencial de su propio negocio.

Busque soluciones en la nube

Actualmente tenemos complejos algoritmos de aprendizaje automático disponibles bajo demanda a través de la nube. Para un departamento de tecnología, el primer paso es comenzar el proceso de integración con la computación cognitiva, las capacidades de desarrollo de aplicaciones y la ciencia de datos para permitir que las organizaciones fusionen datos estructurados con datos no estructurados, datos externos para la automatización del proceso de análisis, que, de otro modo, consumiría demasiado tiempo.

Comience con un solo proyecto

No debe intentar aplicar el aprendizaje automático al mismo tiempo a todos y cada uno de los problemas de datos que tenga, ya que será demasiado abrumador. Comience con un proyecto familiar de analítica de datos y vea si el aprendizaje automático produce resultados similares a los que usted esperaría. Cuando sepa que el aprendizaje automático lo está ayudando a alcanzar sus metas, avance al próximo proyecto. Es importante ir paso a paso.

Asegúrese de que hay datos y procesos de calidad

Debe asegurarse de tener la mejor información posible. Comience por limpiar su base de datos; asegúrese de que sus fuentes de datos le proporcionen datos de calidad, establezca estándares de gobernabilidad de datos y forme a los miembros de su equipo sobre la relevancia de los datos de alta calidad. Debe comenzar con la mejor información sobre la cual modelar para aprovechar al máximo esta tecnología de aprendizaje automático. En cualquier caso, las máquinas son tan buenas como la información que usted les proporciona.

Responda preguntas específicas

Los departamentos de tecnología tienden a abordar el aprendizaje automático más o menos de la misma manera que un proyecto científico, en el que el objetivo es resolver todas las piezas del rompecabezas a la vez. De hecho, hay muchas preguntas que pueden hacer, pero es importante determinar los parámetros exactos que les darán el valor más rápido y seguir respondiendo preguntas específicas en orden de prioridad. Este enfoque, naturalmente, resuelve los problemas más grandes con el tiempo.

Veamos ahora un ejemplo de dónde se usa el aprendizaje automático hoy en día.

Pinterest (para descubrimiento de contenido mejorado)

No importa si nunca ha usado el sitio antes o si es un *pinner* experto, Pinterest ocupa un lugar curioso en el ecosistema de las redes sociales. Dado que la función principal de Pinterest es administrar el contenido actual, solo tiene sentido invertir en tecnologías que puedan hacer que este proceso sea más efectivo como prioridad, como es el caso de Pinterest.

En 2015, Pinterest adoptó Kosei, una empresa de aprendizaje automático especializada en aplicaciones comerciales de tecnología de *machine learning* (descubrimiento de contenido y algoritmos recomendados para ser precisos). Hoy en día, el aprendizaje automático afecta a casi todos los aspectos de las operaciones comerciales de Pinterest: desde la moderación de *spam* y el descubrimiento de contenido hasta la monetización de la publicidad. También ayuda a disminuir la pérdida de suscriptores del boletín de correo electrónico. ¡Increíble!

Edgecase (para mejorar las tasas de conversión de comercio electrónico)

Durante muchos años, los minoristas han estado luchando para superar la enorme diferencia entre comprar en línea y comprar en tiendas. Aunque haya tantas opiniones sobre la forma en que el comercio minorista en línea acabará con las compras tradicionales, la mayoría de los sitios de comercio electrónico aún no son muy atractivos.

Edgecase, que antes se llamaba Compare Metrics, parece cambiar eso.

Con la tecnología de aprendizaje automático que está utilizando, Edgecase espera poder ayudar a los minoristas de comercio electrónico a mejorar la experiencia de usuario. Además de optimizar la experiencia de comercio electrónico para poder mejorar las tasas de conversión, Edgecase planea aprovechar su tecnología para ofrecer a los compradores (quienes pueden no tener una idea clara de lo que están buscando) una mejor experiencia, analizando acciones y comportamientos particulares que muestran la intención de compra: este es un intento de hacer que la navegación en línea casual sea más satisfactoria y esté más cerca de la experiencia minorista tradicional.

Conclusión

Hemos llegado al final del libro. Gracias por leer y felicitaciones por leerlo hasta el final.

La analítica de datos es un concepto amplio, como ha visto, que abarca muchos otros conceptos de gran valor. Hemos discutido algunas de las cosas más importantes relacionadas con la minería de datos, las analíticas de *big data*, la recopilación de datos, la inteligencia empresarial, los conceptos relacionados y mucho más. Para cada concepto y capítulo, sería imposible explicar todos los detalles; por lo tanto, necesita investigar más sobre cada uno de ellos para obtener una comprensión más profunda.

Sin embargo, nos alegra que haya leído el libro hasta este punto porque significa que está más informado sobre la analítica de datos, su importancia y cómo llevarla a cabo para el crecimiento de su negocio.

Si disfrutaste de este libro, ¿podrías, por favor, dejar un comentario?

¡Gracias por tu apoyo!

Segunda Parte: Minería de Datos

Guía de Minería de Datos para Principiantes, que Incluye Aplicaciones para Negocios, Técnicas de Minería de Datos, Conceptos y Más

Introducción

La minería de datos se refiere al proceso de depuración, recopilación, procesamiento, análisis y extracción de información relevante de datos. Existe una gran diferencia basada en el dominio del problema, las formulaciones, las aplicaciones y las representaciones de datos. En otras palabras, la minería de datos es un término amplio que describe diferentes aspectos del procesamiento de datos.

En la actualidad, cada dispositivo y sistema automatizado produce algún tipo de datos, que pueden ser para análisis o diagnóstico. Esto ha creado un repositorio completo de datos. Este repositorio de datos se debe al avance en la tecnología y la informatización. Es vital determinar si es posible obtener información precisa y procesable a partir de los datos existentes. Este es el momento en que la minería de datos se vuelve crítica. Por lo general, los datos sin procesar no están estructurados y tienen un formato que no es deseable para la automatización. Por ejemplo, los datos que se han recolectado manualmente podrían extraerse de fuentes heterogéneas en diferentes formas, pero requieren procesamiento usando un programa de computadora.

Desde un punto analítico, la minería de datos no es sencilla. Es difícil debido a las amplias diferencias en los tipos de datos. Por ejemplo, un sistema de detección de intrusos es diferente de un problema de producto comercial. Aun así, dentro de las mismas clases de problemas, las diferencias son obvias.

En este libro, cada capítulo le mostrará los conceptos principales de la minería de datos para que pueda prepararse para dominar las técnicas de minería de datos.

Capítulo 1: Descripción de la Minería de Datos

El potencial de la minería de datos es una inspiración para la mayoría de las organizaciones más importantes. La minería de datos se define como la extracción de información producida en diferentes momentos de nuestras vidas. Cuando trabajamos con datos, comenzamos a descubrir los beneficios de encontrar patrones y su significado real.

El sector actual está impulsado por los datos. Los datos corporativos junto con los datos de los clientes se han identificado en todos los ámbitos de la vida como un activo importante. Las decisiones que dependen de las mediciones objetivas son mejores que las definidas en opiniones subjetivas que podrían resultar erróneas. Los datos se recaban desde diferentes dispositivos y deben ser analizados. Una vez analizados, se procesan antes de convertirse en información.

Algunos de los dispositivos utilizados para capturar datos incluyen registradores de datos, cajeros, planificación de recursos empresariales y auditorías de almacén. La capacidad de extraer información oculta pero útil de los datos se ha vuelto crítica en el mundo actual. Cuando los datos se utilizan en la predicción, hace que las características futuras de una empresa sean claras. Lo anterior desempeña un papel importante en el sector empresarial.

Como puede observar en la figura a continuación, la importancia de los datos históricos puede resultar en un modelo predictivo y un medio por el cual uno puede contratar nuevos solicitantes en el esquema de negocios.

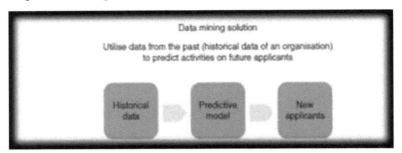

Con la aparición de desarrollos en la industria tecnológica, ha existido un gran crecimiento en las industrias de hardware y software. Se han desarrollado bases de datos complejas que han ayudado a almacenar grandes conjuntos de datos. Esto ha planteado la necesidad de extraer datos en diferentes entornos. Los diferentes contextos incluyen la recopilación de datos, el aprendizaje automático, la descripción, la predicción y el análisis.

Hoy en día, muchas personas están interesadas en la inteligencia, y necesitan dar sentido a los terabytes masivos almacenados en las bases de datos y desarrollar patrones importantes a partir de ellos.

La minería de datos es un gran proceso que diversas compañías van a utilizar. Es un proceso que permite a una empresa convertir sus datos en bruto en información útil. Con la ayuda de algún software especializado, la compañía puede tomar un gran lote de datos y posteriormente examinarlos para encontrar patrones. Con la información que se recopila, el negocio puede aprender más sobre sus clientes y puede desarrollar estrategias de mercadeo más efectivas para disminuir los costos y aumentar las ventas. La extracción de datos dependerá de que la empresa pueda recopilar los datos, el almacenamiento adecuado y el procesamiento por computadora.

Un buen ejemplo de un tipo de negocio que utiliza técnicas de minería de datos son las tiendas de comestibles. A la mayoría de los supermercados les gusta ofrecer algunas tarjetas de fidelidad a los clientes para que estos puedan recibir ofertas que no están disponibles para otros compradores. El cliente obtiene el beneficio de ahorrar dinero, y la empresa obtiene una manera fácil de rastrear quién compra qué, cuándo realiza la compra y cuánto está gastando.

Las tiendas de comestibles pueden tomar estos datos y analizarlos con diferentes propósitos. Pueden ofrecerles a sus clientes cupones dirigidos a sus hábitos de compra o pueden usarlos para ayudarlos a decidir qué artículos quieren ofrecer a la venta y cuáles se ofrecerán a precio completo.

Existe una gran cantidad de información que una compañía puede recopilar, pero puede ser motivo de preocupación cuando se utiliza la información incorrecta o la información que no es representativa del grupo de muestra general para formar la hipótesis. Esto puede desviar el negocio y hacer que resulte complicado alcanzar el mercado objetivo deseado.

Cuando las empresas deciden centralizar todos los datos que recopilan en un solo programa o base de datos, pasan por un proceso conocido como almacenamiento de datos. Con esto, una compañía puede separar partes o segmentos de los datos para que usuarios específicos los utilicen y analicen.

Sin embargo, existen otras ocasiones en que el analista puede comenzar el proceso con el tipo de datos que desea y luego usarán esas especificaciones para crear un almacén. Independientemente de cómo planee organizar sus datos, los utilizará para respaldar los procesos de toma de decisiones de la administración.

Los programas de minería de datos son responsables de analizar las relaciones y los patrones en los datos en función de lo que solicitan los usuarios. Por ejemplo, este software podría usarse para ayudar a crear diferentes clases de información. Imagine que un restaurante decide utilizar esta minería de datos para ayudarles a saber cuándo deben brindar ofertas especiales a sus clientes. Esta tienda analizaría toda la información que ha recopilado y posteriormente crear algunas clases de acuerdo a la visita de los clientes y las cosas que se ordenan.

En otros casos, el minero de datos podría encontrar grupos de información basados en relaciones lógicas. Pueden elegir asociaciones y patrones secuenciales para extraer algunas conclusiones sobre las tendencias que se muestran en el comportamiento del consumidor.

Para mantener las cosas simples, el proceso de minería de datos se divide en cinco pasos. Estos pasos incluyen:

1. La organización recopilará datos antes de cargarlos en sus almacenes de datos.
2. La compañía almacenará y gestionará los datos. Pueden elegir almacenar los datos en la nube o en sus servidores internos.
3. Cuando los datos se almacenen, los profesionales de tecnologías de la información, equipos administrativos y los analistas de negocios tendrán acceso a los datos para determinar la manera más adecuada de organizarlos.
4. El software de la aplicación ordenará los datos utilizando los resultados que obtiene del usuario.
5. El usuario final puede presentar estos datos en un formato sencillo de compartir que incluya una tabla o un gráfico.

La minería de datos puede proporcionar una gran cantidad de información útil para un negocio. Puede ayudarles a aprender más sobre sus clientes y tomar decisiones empresariales inteligentes. Aprender a trabajar con esta herramienta y el software que la acompaña puede marcar una gran diferencia en la forma en que la empresa tomará decisiones importantes.

Beneficios de la minería de datos

En realidad, existen diversos beneficios que podrá obtener al trabajar con la minería de datos. De hecho, la mayoría de las industrias pueden beneficiarse de esta técnica, siempre que aprendan a usarla correctamente. Algunos de los beneficios de la minería de datos incluyen:

- Al hablar de banca y finanzas, la minería de datos puede ser útil para crear algunos modelos de riesgo precisos para hipotecas y préstamos. Así mismo pueden ayudar para detectar si existen transacciones fraudulentas.

- Cuando se trata de marketing, las técnicas de extracción de datos pueden ayudar a aumentar la satisfacción del cliente, mejorar las conversiones y crear campañas publicitarias que son altamente específicas. Incluso pueden utilizarse cuando la empresa requiere analizar las necesidades del mercado o al intentar aportar ideas para nuevas líneas de productos. Lo anterior se lleva a cabo observando los datos del cliente y el historial de ventas, posteriormente se utiliza esa información para crear modelos de predicción.

- Las tiendas minoristas pueden aprovechar los detalles sobre los hábitos de compra de sus clientes para ayudarlos a mejorar su experiencia, optimizar la configuración de la tienda y aumentar sus ganancias.

- Los órganos reguladores de impuestos pueden utilizar técnicas de extracción de datos. La información puede ser útil para detectar declaraciones de impuestos sospechosas y transacciones fraudulentas.

- Cuando se trata de fabricación, el descubrimiento de datos se utiliza para mejorar la comodidad, la facilidad de uso y la seguridad del producto.

Como puede ver, la minería de datos puede beneficiar a todos. Ya sea que esté a cargo de una gran corporación o una compañía más pequeña, encontrará que existe un beneficio de la minería de datos adecuado para sus necesidades.

Ejemplos de Preguntas en la Minería de Datos

La minería de datos es un tema muy amplio que tiene como objetivo encontrar respuestas a problemas como:

1. Definición de datos
2. Tipos de patrones que se pueden encontrar en los datos
3. ¿De qué manera se pueden utilizar los datos para obtener beneficios en el futuro?

Población y Muestra

La minería de datos posee conjuntos de datos extensos, con una gran cantidad de escenarios potenciales. Sin embargo, cada industria tiene su propia condición, y la mayoría varía en función de la cuenta regresiva de los casos que surgirán de los procesos de negocios. Un ejemplo son las aplicaciones web, como CRM y las leyes de protección de datos, así como las costumbres locales del mercado y la industria, que son diferentes. Sin embargo, si observamos la mayoría de los países, es aceptable comprar o incluso alquilar la información a un nivel agregado.

La minería de datos requiere el uso de técnicas científicas para tratar con conjuntos de datos masivos. Por lo tanto, existe mucha información, más de la que necesitamos. En algunos casos, se puede decir que nuestro conjunto de datos es mayor. Si manejamos cantidades de datos reducidas, preferiríamos tratar con el conjunto de datos completo. Sin embargo, si estamos tratando con un conjunto de datos más extenso, podemos usar el subconjunto para facilitar la manipulación. Pero, si analizamos la muestra, los resultados encontrados son representativos de una gran población. En resumen, podemos usar los resultados de la muestra como una inferencia del resto de la población.

Esto significa que debemos tener una muestra correcta que pueda revelar la naturaleza de toda la población. Por lo tanto, podemos decir que la muestra tiene que ser imparcial. El tema de muestreo es muy amplio, y no es posible definirlo por completo. Cada vez que muestree una población extensa, es necesario extraer muestras mayores que le permitan seleccionar una muestra al azar que contenga miembros de una determinada población.

Preparación de Datos

En la minería de datos, es importante que los datos estén preparados. Este paso, que es crucial, a veces se ignora. Mirando nuestros primeros años, nos enseñaron que $1 + 1 = 2$. Los números se consideran sólidos, tangibles, concretos, así como un medio que podemos usar para medir todo. Sin embargo, los números poseen una característica única. Por ejemplo, es posible vender dos productos en el mismo día a un precio diferente. Las interpretaciones que se hacen solo en el valor nominal no son suficientes. Hay empresas individuales que usan datos para tomar decisiones, pero no logran garantizar que los datos sean importantes. Las empresas no logran cambiar datos en conocimiento e inteligencia.

Método Supervisado y No Supervisado

Nos referimos a la minería de datos como un procedimiento que consiste en diferentes técnicas de análisis para encontrar patrones únicos, fascinantes e inesperados que pueden ayudarle a desarrollar predicciones correctas y exactas. En general, encontrará que existen dos métodos de análisis de datos. Uno de ellos es conocido como el método supervisado, mientras que el otro es el método no supervisado.

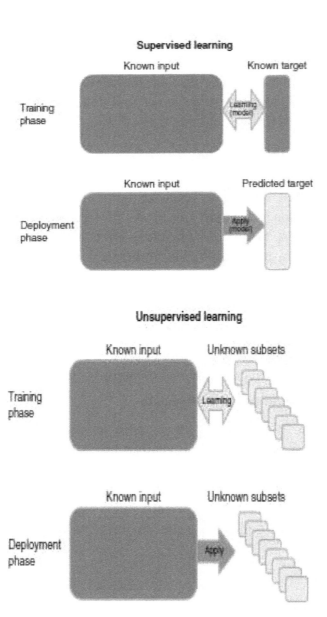

El método supervisado le permite hacer una estimación de dependencia única utilizando datos conocidos. Los datos de entrada podrían incluir cantidades de diferentes elementos creados por un cliente específico, fecha de compra, ubicación y el precio pagado.

La información de salida puede incluir algo más, como si los compradores pudieran aceptar una campaña de ventas específica. Podemos referirnos a la variable de salida como objetivos en la minería de datos. Cuando estamos tratando con un entorno supervisado, la entrada de muestra seleccionada debe pasar por un sistema de aprendizaje determinado. Cuando esto termina, se comparan tanto la salida como la entrada. Esto nos ayuda a determinar si los clientes pueden reconocer una campaña de venta específica.

¿Por Qué Minería de Datos?

Vivimos en un mundo donde tenemos una gran cantidad de datos generados y recopilados todos los días. Además, la necesidad de analizar este tipo de datos es importante. Por lo tanto, con la minería de datos, tenemos la oportunidad de convertir un gran conjunto de datos en conocimiento.

El motor de búsqueda tiene millones de consultas ingresadas todos los días. Podemos considerar cada consulta como una transacción donde el usuario puede explicar la información o sus necesidades. Curiosamente, existen ciertos patrones en las consultas de búsqueda de usuarios que pueden revelar un conocimiento crucial que nadie puede encontrar leyendo únicamente elementos de datos individuales.

Existen diversas razones por las que debería considerar trabajar con la minería de datos. En este momento, el volumen de datos que se está produciendo se está duplicando cada dos años, y es probable que la tasa aumente en el futuro. Los datos no estructurados, por sí solos, pueden representar el 90% de nuestro universo digital. Pero una mayor cantidad de información no siempre se traduce en más conocimiento.

Con la ayuda de la minería de datos, usted podrá lograr lo siguiente:

- Examinar toda la información que es repetitiva y caótica en los datos que tiene frente a usted.

- Comprender lo que es relevante y posteriormente aprovechar esa información para ayudarle a evaluar los posibles resultados.
- Puede acelerar la rapidez para tomar decisiones, gracias a los datos disponibles.

¿Quién Utiliza la Minería de Datos?

La siguiente pregunta que puede surgir es: "¿Quién es capaz de utilizar la minería de datos?" Esto parece ser un campo muy analítico, por lo que puede suponer que solo las empresas que confían en datos concretos todo el tiempo querrían usar esto. Sin embargo, encontrará que la minería de datos puede ser el centro de muchos tipos de esfuerzos analíticos, a través de diferentes disciplinas e industrias. Algunas de las diferentes industrias que se benefician del uso de la minería de datos incluyen:

- Comunicaciones: En un mercado muy saturado y donde la competencia es intensa, las respuestas para ayudarle a salir adelante y complacer a sus clientes a menudo se pueden encontrar dentro de los datos de los consumidores. Las compañías de telecomunicaciones y multimedia pueden usar varios modelos analíticos para ayudarlos a entender todos los datos de los clientes que tienen (y es probable que tengan muchos). Esta es una excelente manera de ayudar a estas compañías a predecir cómo se comportará su cliente y puede facilitar la creación de campañas relevantes y altamente específicas.
- Seguros: Con los conocimientos analíticos adecuados, las compañías de seguros pueden resolver algunos problemas complejos que incluyen el abandono de los clientes, la gestión de riesgos, el cumplimiento y el fraude. Las compañías de seguros han logrado utilizar diversas técnicas de minería de datos para ayudarlos de manera tal que los precios de los productos sean más efectivos en toda la

empresa y encuentren nuevas formas de ofrecer un producto que sea competitivo para la base de clientes que poseen.

• Educación: Es posible utilizar la minería de datos con la educación. Con una visión unificada y basada en datos del progreso de cada estudiante, un educador puede predecir cómo se desempeñará el estudiante incluso antes de ingresar al aula. Esto puede ser útil a medida que el educador trabaja para desarrollar estrategias de intervención que mantendrán al estudiante en curso. La minería de datos puede ayudar a los educadores a acceder a los datos de los estudiantes, predecir los niveles de rendimiento e incluso identificar a los estudiantes o grupos de estudiantes que puedan necesitar un poco de tiempo y atención adicionales.

• Manufactura: Alinear sus planes de suministro con los pronósticos de demanda es tan esencial como lo es la capacidad de detectar problemas de forma temprana, la inversión en el valor de la marca y la garantía de calidad. Los fabricantes pueden usar la minería de datos para predecir el estado de los activos de producción y anticipar cuándo será necesario el mantenimiento. Esto significa que pueden maximizar su tiempo de actividad y asegurarse de que la línea de producción pueda mantenerse dentro de lo programado.

• Banca: Existen diversos algoritmos automatizados que pueden ayudar a un banco a comprender su base de clientes, así como los miles de millones de transacciones que se encuentran en el sistema financiero. La minería de datos puede ayudar a estas compañías financieras de muchas maneras. Estas incluyen ayudar a detectar el fraude más rápidamente, brindarle a la empresa una mejor visión de sus riesgos en el mercado e incluso ayudarles a administrar las obligaciones de cumplimiento normativo.

• Comercio minorista: Las grandes bases de datos de clientes pueden ofrecer una gran cantidad de información para las empresas minoristas. Si son capaces de encontrar esta información, puede ayudar a mejorar las relaciones con los clientes, optimizar las campañas de marketing e incluso pronosticar ventas. A través de los modelos de datos precisos que obtienen de la minería de datos, estas empresas minoristas podrán ofrecer campañas más específicas y encontrar la oferta adecuada que tendrá mayor impacto en el cliente.

Cómo funciona

La minería de datos, como disciplina compuesta, representa diversas técnicas y métodos diferentes que se pueden utilizar en diferentes capacidades analíticas. Estos son todos los recursos para ayudar a satisfacer una gran cantidad de necesidades que la empresa pueda tener. Pueden plantearse diferentes tipos de preguntas, junto con diferentes niveles de reglas o aportaciones humanas, para llegar a las respuestas que usted está buscando. Existen tres partes principales que lo acompañan y son:

Modelado Descriptivo

Esto incluye el tiempo para descubrir cualquier similitud compartida o agrupada de los datos históricos. Se realiza para ayudar a la compañía a determinar las razones detrás de un éxito o un fracaso. Este proceso podría incluir algo como categorizar las preferencias o sentimientos del producto de los clientes. Algunas de las técnicas de muestra utilizadas incluyen:

- Agrupación: Es aquí donde agrupará registros similares;
- Detección de anomalías: Identificación de valores atípicos multidimensionales;
- Aprendizaje de reglas de asociación: Detección de relaciones entre los registros;
- Análisis de componentes principales: Detección de la relación que está presente en las variables; y

- Agrupación de afinidad: Ocurre cuando se agrupan personas que tienen objetivos similares o intereses comunes.

Modelado Predictivo

Este tipo de modelado se profundizará para ayudar a clasificar los eventos en el futuro o para estimar resultados desconocidos. Por ejemplo, podría funcionar con un puntaje de crédito para determinar la probabilidad de que una persona pueda pagar su préstamo. El modelado predictivo también ayudará a descubrir información sobre aspectos como la falta de crédito, los resultados de la campaña y la rotación de clientes. Algunas de las técnicas que puede utilizar con este tipo de modelado incluyen:

- Regresión: Es una medida que determina qué tan fuerte es una relación entre una variable dependiente y una serie de variables independientes;
- Redes neurales: Son programas informáticos cuya función es detectar patrones, realizar predicciones y aprender;
- Árboles de decisión: Son diagramas en forma de árboles donde cada rama representa un suceso que es probable; y
- Máquinas de vectores de soporte: Son modelos de aprendizaje supervisados que tienen algoritmos de aprendizaje asociados.

Modelado Prescriptivo

Con el crecimiento de gran cantidad de datos no estructurados que provienen del audio, PDF, libros, correo electrónico, campos de comentarios, la web y otras fuentes de texto, la adopción de la minería de textos, una disciplina que se encuentra dentro de la minería de datos, ha experimentado un enorme crecimiento. Usted debe tener la capacidad de analizar, filtrar y luego transformar con éxito estos datos no estructurados para incluir estos datos en sus modelos predictivos para obtener una predicción precisa.

Al final, no desea obtener la extracción de datos y posteriormente asumir que es una entidad independiente porque el preprocesamiento y el pos procesamiento serán muy similares. El modelado prescriptivo analizará las variables internas y externas y las restricciones para ayudarle a obtener recomendaciones sobre uno o más cursos de acción. Esto podría incluir su uso para determinar qué oferta de marketing es la más adecuada para enviar a cada uno de sus clientes. Algunas de las técnicas que se incluyen en el modelado prescriptivo incluyen:

- Análisis predictivo más reglas: Aquí se desarrolla la técnica si/luego las reglas de patrones y posteriormente predice los resultados.

- Optimización de marketing: Simulación de la combinación de medios favorable en tiempo real para obtener el mayor retorno de la inversión posible.

Capítulo 2: Conocer sus Datos

Es importante asegurarse de que los datos estén listos. Esto significa que debemos revisar los valores y atributos de los datos. Los datos del mundo real son caóticos y de gran tamaño, y existen momentos en que pueden surgir de fuentes aleatorias.

El presente capítulo le ayudará a familiarizarse con sus datos. Tener una mejor comprensión de los datos es fundamental cuando se trata de su procesamiento. Este es el primer paso importante cuando se trata del proceso de minería de datos. Algunos aspectos que componen los datos son:

- El tipo de valores de cada atributo.
- Descubrir atributos continuos y discretos.
- ¿Existe alguna manera de visualizar los datos para que podamos observarlos y obtener su significado?
- ¿Podemos identificar algunos valores atípicos?
- ¿Podemos examinar algunas similitudes de los objetos de datos con otros?

Si puede desarrollar este tipo de percepción, le ayudará en el resto del análisis.

Ahora puede preguntarse: *¿Qué necesito saber acerca de los datos que son críticos en el preprocesamiento?* Comenzaremos observando diferentes tipos de atributos. Algunos de estos comprenden los atributos binarios, atributos nominales, atributos numéricos y atributos ordinales. Revisaremos algunas descripciones estándar para que podamos entender de mejor manera los valores de los atributos.

Por ejemplo, si tiene un atributo de temperatura, es posible determinar la mediana, la moda y la temperatura media.

Tener una comprensión básica de estas estadísticas basadas en cada atributo hace que resulte sencillo para ayudar a completar cualquier valor faltante, así como identificar cualquier atributo anormal en el procesamiento de datos. Conocer los atributos, así como los valores de los atributos, puede contribuir drásticamente a reparar las anomalías que ocurrieron en la integración de datos. Mediante el uso de la media, la mediana y la moda, ayuda a revelar si los datos son simétricos o asimétricos. El campo de visualización de datos tiene numerosas técnicas. Esto ayudará a observar las desviaciones, tendencias y relaciones.

En otras palabras, antes del final de este capítulo, aprenderá acerca de los distintos tipos de atributos y algunas de las medidas estadísticas estándar para ayudar a definir la tendencia central, así como la dispersión.

Objetos de Datos y Tipos de Atributos

Los conjuntos de datos tienen objetos de datos. Un objeto de datos describe una entidad. Si tomamos un ejemplo de una base de datos de ventas, podemos tener objetos como clientes y ventas. Si tenemos una base de datos de deportes, los objetos podrían ser jugadores, equipos, etc. Si la base de datos pertenece a un colegio o universidad, los ejemplos de objetos incluyen cursos, profesores y estudiantes.

Los objetos de datos a menudo se describen por atributos. Los objetos de datos también podrían describirse como atributos. Además, podemos llamarlos instancias, muestras o incluso puntos de datos. Cuando almacenamos los objetos de datos en una base de datos, los llamamos tuplas de datos. Eso significa que las filas de la base de datos son similares a los objetos de datos y la columna es similar a los atributos.

Atributo

Un atributo es simplemente un campo de datos que muestra las características de un objeto de datos. Los profesionales de la minería de datos, así como en el campo de la minería de datos, interactúan en repetidas ocasiones con el término atributo. Un atributo que describe un objeto de tipo cliente puede incluir lo siguiente: ID de cliente, dirección y nombre. Las observaciones se refieren a los valores observados para un atributo específico. El conjunto de atributos que normalmente se usa para describir un objeto preciso se conoce como vector de atributo. La distribución de datos de un solo atributo se conoce como univariado. La distribución de dos valores se conoce como bivariada. Un tipo de atributo se define por una colección de valores posibles: binario, numérico, ordinal y nominal.

Atributos Nominales

Un atributo nominal es aquel que está asociado con los nombres. Los atributos nominales llevan consigo los nombres de objetos o incluso símbolos. Cada valor mostrará algún tipo de estado, categoría y, por lo tanto, los atributos nominales se denominan categóricos.

Ejemplo de atributos nominales

Consideremos el color y el rendimiento, que son atributos que describen a un equipo de fútbol. Si creamos una aplicación, los valores potenciales para el color del equipo podrían ser azul, gris, blanco y marrón. De manera similar, los atributos para el rendimiento de equipo podrían incluir regular, increíble, promedio o excelente.

Aunque ya hemos mencionado anteriormente que los atributos nominales se refieren a símbolos y nombres de objetos, todavía podemos representar estos símbolos. Un buen ejemplo es el color del equipo, ya que podemos asignarle algunos códigos. Podemos tomar otro ejemplo como el ID de cliente con todos los valores posibles como numéricos. Sin embargo, en este caso, los números no deben usarse cuantitativamente.

Dado que los valores de un atributo nominal no son tan significativos, no es necesario determinar la mediana o el valor medio para este tipo de atributo si tiene una colección de objetos a su disposición. Una cosa que es significativa es el valor más frecuente del atributo. Esto se conoce como la moda y pertenece a las medidas de tendencia central.

Atributos Binarios

Para el atributo binario, tenemos dos tipos de estados: 0 o 1. En este caso, 0 representa un atributo que falta, mientras que 1 muestra que el atributo existe.

Capítulo 3: Preparación de Datos

La naturaleza de los datos reales es diferente de muchas maneras. La mayoría de los valores pueden faltar, otros son inconsistentes y algunos incluso contienen errores. Para un analista de datos, esto genera muchos problemas al usar los datos de manera más efectiva. Tomemos un ejemplo del análisis del interés de los consumidores en función de sus diferentes tareas en las redes sociales. El analista puede intentar definir las operaciones que son centrales para el proceso de minería. Algunas de estas operaciones pueden tener intereses específicos del usuario, como los amigos del usuario. Para este caso, cada uno de este conjunto de información es diferente y se debe recopilar de bases de datos separadas en el sitio de la red social.

Además, existen elementos específicos de información que no se pueden utilizar directamente debido a su naturaleza. En su lugar, los rasgos críticos de la información deben extraerse de las fuentes de datos. Esto ocurre cuando la preparación de datos se vuelve importante.

La etapa de preparación de datos se constituye de procesos múltiples compuestos de pasos individuales. Algunos de los pasos pueden o no utilizarse en una aplicación.

1. Portabilidad y Extracción de Propiedades

Normalmente, es complicado procesar datos en bruto debido a su forma inicial. Algunas formas de datos sin procesar incluyen datos semiestructurados, registros sin procesar y muchos otros más. Debido a la incapacidad de procesar datos en bruto, es importante extraer las características principales de los datos. En general, entenderá que las propiedades de los datos que tienen la interpretabilidad correcta son mucho mejores porque ayudan a que una persona comprenda los resultados.

Además, están limitados por los objetivos de la aplicación de minería de datos. En situaciones donde los datos provienen de múltiples sitios, los datos deben integrarse en una base de datos para ayudar en su procesamiento. Así mismo, existen algoritmos específicos que funcionan con datos que tienen tipos heterogéneos. La portabilidad de los datos es importante al cambiar de un atributo a otro. Esto crea un conjunto de datos uniforme, que los algoritmos pueden procesar.

2. Depuración de datos

En este paso, eliminamos errores y entradas de datos impredecibles. Además, es durante este paso que realizamos la imputación. Existen diversas razones por las que debería considerar trabajar con la minería de datos. En este momento, el volumen de datos que se está produciendo se está duplicando cada dos años, y es probable que la tasa aumente en el futuro. Los datos no estructurados, por sí solos, pueden representar el 90 por ciento de nuestro universo digital. Pero una mayor cantidad de información no siempre se traduce en más conocimiento.

Con la ayuda de la minería de datos, usted podrá lograr lo siguiente:

- Examinar toda la información que es repetitiva y caótica en los datos que tiene frente a usted.

- Comprender qué es relevante y posteriormente aprovechar esa información para ayudarle a evaluar los posibles resultados.
- Puede acelerar la rapidez para tomar decisiones, gracias a los datos disponibles.

¿Quién Utiliza la Minería de Datos?

La siguiente pregunta que puede surgir es: "¿Quién es capaz de utilizar la minería de datos?" Esto parece ser un campo muy analítico, por lo que puede suponer que solo las empresas que confían en datos concretos todo el tiempo querrían usar esto. Sin embargo, encontrará que la minería de datos puede ser el centro de muchos tipos de esfuerzos analíticos, a través de diferentes disciplinas e industrias. Algunas de las diferentes industrias que se benefician del uso de la minería de datos incluyen:

- Comunicaciones: En un mercado muy saturado y donde la competencia es intensa, las respuestas para ayudarle a salir adelante y complacer a sus clientes a menudo se pueden encontrar dentro de los datos de los consumidores. Las compañías de telecomunicaciones y multimedia pueden usar varios modelos analíticos para ayudarlos a entender todos los datos de los clientes que tienen (y es probable que tengan muchos). Esta es una excelente manera de ayudar a estas compañías a predecir cómo se comportará su cliente y puede facilitar la creación de campañas relevantes y altamente específicas.
- Seguros: Con los conocimientos analíticos adecuados, las compañías de seguros pueden resolver algunos problemas complejos que incluyen el abandono de los clientes, la gestión de riesgos, el cumplimiento y el fraude. Las compañías de seguros han logrado utilizar diversas técnicas de minería de datos para ayudarlos de manera tal que los precios de los productos sean más efectivos en toda la

empresa y encuentren nuevas formas de ofrecer un producto que sea competitivo para la base de clientes que poseen.

- Educación: Es posible utilizar la minería de datos con la educación. Con una visión unificada y basada en datos del progreso de cada estudiante, un educador puede predecir cómo se desempeñará el estudiante incluso antes de ingresar al aula. Esto puede ser útil a medida que el educador trabaja para desarrollar estrategias de intervención que mantendrán al estudiante en curso. La minería de datos puede ayudar a los educadores a acceder a los datos de los estudiantes, predecir los niveles de rendimiento e incluso identificar a los estudiantes o grupos de estudiantes que puedan necesitar un poco de tiempo y atención adicionales.

- Manufactura: Alinear sus planes de suministro con los pronósticos de demanda es tan esencial, como lo es la capacidad de detectar problemas en forma temprana, la inversión en el valor de la marca y la garantía de calidad. Los fabricantes pueden usar la minería de datos para predecir el estado de los activos de producción y anticipar cuándo será necesario el mantenimiento. Esto significa que pueden maximizar su tiempo de actividad y asegurarse de que la línea de producción pueda mantenerse dentro de lo programado.

- Banca: Existen diversos algoritmos automatizados que pueden ayudar a un banco a comprender su base de clientes, así como los miles de millones de transacciones que se encuentran en el sistema financiero. La minería de datos puede ayudar a estas compañías financieras de muchas maneras. Estas incluyen ayudar a detectar el fraude más rápidamente, brindarle a la empresa una mejor visión de sus riesgos en el mercado e incluso ayudarles a administrar las obligaciones de cumplimiento normativo.

- Comercio minorista: Las grandes bases de datos de clientes pueden ofrecer una gran cantidad de información para las empresas minoristas. Si son capaces de encontrar esta información, puede ayudar a mejorar las relaciones con los clientes, optimizar las campañas de marketing e incluso pronosticar ventas. A través de los modelos de datos precisos que obtienen de la minería de datos, estas empresas minoristas podrán ofrecer campañas más específicas y encontrar la oferta adecuada que tendrá mayor impacto en el cliente.

Cómo funciona

La minería de datos, como disciplina compuesta, representa diversas técnicas y métodos diferentes que se pueden utilizar en diferentes capacidades analíticas. Estos son todos los recursos para ayudar a satisfacer una gran cantidad de necesidades que la empresa pueda tener. Pueden plantearse diferentes tipos de preguntas, junto con diferentes niveles de reglas o aportaciones humanas, para llegar a las respuestas que usted está buscando. Existen tres partes principales que lo acompañan y son:

Modelado Descriptivo

Esto incluye el tiempo para descubrir cualquier similitud compartida o agrupada de los datos históricos. Se realiza para ayudar a la compañía a determinar las razones detrás de un éxito o un fracaso. Este proceso podría incluir algo como categorizar las preferencias o sentimientos del producto de los clientes. Algunas de las técnicas de muestra utilizadas incluyen:

- Agrupación: Es aquí donde agrupará registros similares;
- Detección de anomalías: Identificación de valores atípicos multidimensionales;
- Aprendizaje de reglas de asociación: Detección de relaciones entre los registros;
- Análisis de componentes principales: Detección de la relación que está presente en las variables; y

- Agrupación de afinidad: Ocurre cuando se agrupan personas que tienen objetivos similares o intereses comunes.

Modelado Predictivo

Este tipo de modelado se profundizará para ayudar a clasificar los eventos en el futuro o para estimar resultados desconocidos. Por ejemplo, podría funcionar con un puntaje de crédito para determinar la probabilidad de que una persona pueda pagar su préstamo. El modelado predictivo también ayudará a descubrir información sobre aspectos como la falta de crédito, los resultados de la campaña y la rotación de clientes. Algunas de las técnicas que puede utilizar con este tipo de modelado incluyen:

- Regresión: Es una medida que determina qué tan fuerte es una relación entre una variable dependiente y una serie de variables independientes;
- Redes neurales: Son programas informáticos cuya función es detectar patrones, realizar predicciones y aprender;
- Árboles de decisión: Son diagramas en forma de árboles donde cada rama representa un suceso que es probable; y
- Máquinas de vectores de soporte: Son modelos de aprendizaje supervisados que tienen algoritmos de aprendizaje asociados.

Modelado Prescriptivo

Con el crecimiento de gran cantidad de datos no estructurados que provienen del audio, PDF, libros, correo electrónico, campos de comentarios, la web y otras fuentes de texto, la adopción de la minería de textos, una disciplina que se encuentra dentro de la minería de datos, ha experimentado un enorme crecimiento. Usted debe tener la capacidad de analizar, filtrar y luego transformar con éxito estos datos no estructurados para incluir estos datos en sus modelos predictivos para obtener una predicción precisa.

Al final, no desea obtener la extracción de datos y posteriormente asumir que es una entidad independiente porque el preprocesamiento y el pos procesamiento serán muy similares. El modelado prescriptivo analizará las variables internas y externas y las restricciones para ayudarle a obtener recomendaciones sobre uno o más cursos de acción. Esto podría incluir su uso para determinar qué oferta de marketing es la más adecuada para enviar a cada uno de sus clientes. Algunas de las técnicas que se incluyen en el modelado prescriptivo incluyen:

- Análisis predictivo más reglas: Aquí se desarrolla la técnica si/luego las reglas de patrones y posteriormente predice los resultados.

- Optimización de marketing: Simulación de la combinación de medios favorable en tiempo real para obtener el mayor retorno de la inversión posible.

3. Seleccionar, Reducir y Transformar Datos

Esta fase reduce el alcance de los datos a través de la transformación y la selección de subconjuntos de sus características. Esta fase tiene dos ventajas. Primero, cuando reducimos el tamaño de los datos, mejoramos la eficiencia del algoritmo.

La segunda ventaja son los registros superfluos que se eliminan, lo que mejora la naturaleza estética del proceso de minería. La primera ventaja se obtiene mediante el muestreo genérico y el mecanismo de reducción de la dimensionalidad. Para obtener la segunda ventaja, tenemos que utilizar una técnica avanzada para seleccionar las características.

Minería de características y portabilidad

Lo primero que debe hacer en la minería de datos es crear una colección de características que ayuden a un analista. Las instancias donde los datos brutos sin formato requieren la eliminación de características durante el procesamiento. En el caso de que tengamos un estado uniforme de características en diversas formas, entonces un enfoque "estándar" no es el más adecuado. En su lugar, se recomienda convertir los datos en una representación idéntica o uniforme.

Extracción de características

Es importante tener en cuenta que el primer paso en la extracción de características es crítico, ya sea que dependa o no de la aplicación. En algunos casos, la extracción de características es idéntica a la portabilidad de datos donde las características de bajo nivel se convierten en una característica más avanzada.

1. Datos de sensor

Este tipo de datos se recopilan en forma de señales de bajo nivel. Es posible cambiar las señales en una función avanzada usando transformadas de Fourier. En ocasiones, las series de tiempo se utilizan después de que finaliza la depuración de datos.

Los sensores se pueden usar para detectar cualquier tipo de elemento físico que desee. Algunos de los diferentes ejemplos de sensores que puede usar para ayudarle a tener una idea de las diferentes aplicaciones de estos sensores incluyen:

- Acelerómetro: Este sensor es capaz de detectar la aceleración gravitatoria en cualquier dispositivo donde se encuentre instalado. Podría ser un controlador de juegos o un teléfono inteligente. Funciona para determinar valores como la vibración, la inclinación y la aceleración.

- Fotosensor: Tiene la capacidad de detectar la presencia de luz visible, energía UV y transmisión infrarroja.

- Lidar: Método de detección, búsqueda de rango y mapeo basado en láser, con frecuencia utiliza un láser de pulso de baja potencia y seguro para los ojos que funciona junto con una cámara.

- CCD: Se conoce como un dispositivo de carga acoplada y puede almacenar y mostrar los datos de una imagen de manera que cada uno de los píxeles de la imagen se convierta en una carga eléctrica. La intensidad de estas cargas está relacionada con un color dentro del espectro de colores.

- Red inteligente: Estos sensores pueden proporcionarle datos en tiempo real sobre las condiciones de la red para que pueda verificar las interrupciones, fallos, carga y alarmas de activación.

2. Datos de imagen

Se representa en píxeles en su forma primitiva. En los niveles avanzados, utilizamos los histogramas de color para representar las características en diferentes segmentos de imagen. Recientemente, el uso de palabras visuales ha aumentado en popularidad. Esta es una representación semántica similar a los datos del documento. Representa un gran desafío cuando se trata del procesamiento de imágenes es la alta naturaleza dimensional de los datos. Por lo tanto, es posible usar las características extraídas en diferentes puntos según la aplicación.

3. Weblogs

Aparecen como cadenas de texto. Si desea convertir los weblogs en una forma multidimensional, el proceso es sencillo.

4. Tráfico de red

Cuando se trata de detectar una forma de intrusión en una red, el estado general de los paquetes de la red es importante si desea examinar las intrusiones y otras actividades. Dependiendo del tipo de aplicaciones, podemos identificar diferentes características de los paquetes.

5. Datos del documento

Existe en forma no estructurada y en bruto. Los datos pueden contener diversas asociaciones lingüísticas entre entidades. Una técnica es eliminar los datos desde su origen y usar una colección de palabras. Otras técnicas implican la aplicación de la extracción de entidades para crear una relación lingüística.

Cuando se trata de la extracción de características, es una técnica que depende del analista de datos para descubrir los rasgos y propiedades que se ajustan al tipo de operación en cuestión. Aunque este campo es adecuado para un dominio determinado, el análisis solo puede ser aceptado en función de las características que se extraen.

Tipos de portabilidad de datos

Constituye otro paso importante en el proceso de minería de datos debido a que un gran porcentaje de los datos está mezclado y puede ser diferente. Por ejemplo, el conjunto de datos de un lugar demográfico podría contener números y características mixtas. Con este tipo de variación en el conjunto de datos, se requiere que el analista diseñe un algoritmo eficiente que pueda integrar todas las combinaciones de los tipos de datos. La extracción de tipos de datos no permite al analista aplicar las herramientas de procesamiento listas para usar.

En esta sección, aprenderemos los métodos que se pueden utilizar para convertir diferentes tipos de datos. Dado que el tipo de datos numéricos es uno de los algoritmos de minería más utilizados, debe concentrarse en cómo convertir diferentes tipos de datos. Además de esto, los tipos de conversión restantes siguen siendo importantes. Por ejemplo, en los algoritmos de similitud, puede convertir un tipo de datos en un gráfico y usar algoritmos para representarlo.

Discretización

Uno de los tipos de conversión más populares es la conversión de tipos de datos numéricos a categóricos. Es aquí donde los diferentes valores de los rangos se dividen en φTranges. Esta propiedad tiene diversos valores categorizados que comienzan desde 1 hasta φ, sujeto al rango de atributo inicial.

Durante el proceso de discretización, la información se pierde en el proceso de minería. Sin embargo, tenemos aplicaciones donde la pérdida de información no es tan devastadora. La principal desventaja es que podemos tener datos que se distribuyen aleatoriamente en intervalos separados. Un ejemplo a considerar es el atributo de salario.

De manera similar, el atributo de edad no se distribuye uniformemente, y esto significa que un rango de igual tamaño podría funcionar bien. La discretización no tiene una forma única de hacerlo. De hecho, existen muchas formas sujetas a la aplicación particular de la meta.

1. Rangos equi-anchura

Aquí tenemos un rango de [a, b] seleccionado donde b-a son el mismo para cada intervalo. La debilidad de este método es que no es posible utilizarlo en conjuntos de datos con propiedades que se distribuyen aleatoriamente en diferentes intervalos. Para averiguar el valor del rango inicial, debemos asegurarnos de que definimos el valor más bajo y más alto de cada propiedad. Después de esto, podemos dividir tanto el valor mínimo como el máximo en un rango de igual tamaño.

2. Rangos equi-registro

En este caso, cada intervalo en [a, b] se selecciona de tal manera que si restamos log (b) -log (a) obtenemos el mismo valor. Esto tiende a tener las características de un rango creciente [a1, a2, a3] para un> 1. Este tipo de rango se aplica cada vez que un atributo muestra características de distribución exponencial en un rango determinado.

3. Rangos equi-profundidad

Este tipo de rango requiere que se seleccione un rango. El rango elegido debe tener el mismo número de registros. La idea general es asegurarse de crear un nivel de similitud en cada rango. Podemos dividir una propiedad dada en divisiones de igual rango realizando una clasificación y, finalmente, seleccionar los puntos de división en cada valor de propiedad que se clasifica.

Binarización

Existen ocasiones en que es importante aplicar algoritmos numéricos en un dato específico. Puede lograrlo debido a las diferencias que existen entre los datos binarios y otros tipos de datos, como los datos numéricos y los datos categóricos. Si lo desea, puede convertir un tipo de datos categóricos en un tipo de datos binarios. Si sucede que la propiedad categórica de los datos tiene atributos extranjeros, entonces es necesario producir una propiedad binaria extranjera. Cada atributo es el mismo que el valor del atributo categórico.

Convertir texto en datos numéricos

Si bien la representación de texto es un conjunto numérico disperso que contiene dimensiones avanzadas, no es tan conocido en comparación con los algoritmos generales de minería de datos. Por ejemplo, una persona puede decidir usar una función de coseno en lugar de aplicar la distancia euclidiana para cada dato de texto. Esta es una de las razones por las que la minería de texto es única, y tiene sus propios algoritmos. Independientemente de eso, puede cambiar un conjunto de texto en algo generalizado con los algoritmos numéricos. Primero, aplique un análisis semántico para ayudar a cambiar un conjunto de texto en una dimensión inferior. Una vez que haya terminado con la transformación, puede comenzar a escalar.

Convertir series de tiempo en una secuencia de datos discreta

Si desea cambiar los datos de una serie de tiempo en una secuencia de datos discreta, existen dos enfoques a seguir. Ambos métodos se describen brevemente a continuación:

1. Promedio basado en ventanas

En este método, existe la longitud de la ventana w, y la serie de tiempo promedio de cada ventana calculada.

2. Discretización basada en el valor

Este método divide primero los valores de las series de tiempo en segmentos más pequeños de intervalos iguales, similar al enfoque de discretización de profundidad equitativa utilizado en las propiedades numéricas. El punto a tener en cuenta es que cada símbolo tiene una frecuencia de serie de tiempo igual. Los límites del intervalo se crean haciendo una suposición. El supuesto es que los valores de las series de tiempo se distribuyen a través del método Gaussiano. En cada caso, calculamos la desviación estándar y la media de las series de tiempo para que podamos asignar parámetros a la distribución de Gauss. Los cuantiles definidos a través de la distribución de Gauss son importantes cuando se requiere establecer los límites de los intervalos. Por lo general, esto es mejor en comparación con la clasificación de todos los valores de datos.

Convertir datos de series de tiempo en números

Esto es muy importante porque nos ayuda a tener la oportunidad de utilizar algoritmos multidimensionales. La transformación de longitud de onda discreta se utiliza en el siguiente enfoque. La transformación de longitud de onda cambia los datos de series de tiempo en datos multidimensionales, una colección de coeficientes, que muestran la diferencia promedio entre porciones separadas de la serie.

Convertir datos discretos en datos numéricos

Este tipo de conversión puede tener lugar de dos maneras diferentes. El primero es cambiar la secuencia discreta en una serie de tiempo binaria. Este tipo de conversión tiene el número de series de tiempo equivalente al número de símbolos únicos.

La segunda forma es donde mapeamos valores de series de tiempo individuales en un vector multidimensional. Esto se hace con la ayuda de una transformación wavelet. Por último, combinamos todas las características de series de tiempo en un solo registro.

Para cambiar un orden en una serie de tiempo binaria, es importante construir una cadena binaria que pueda definir si un símbolo determinado está presente en una posición específica.

Datos espaciales a numéricos

Es posible convertir los datos espaciales en numéricos utilizando un enfoque similar usado para convertir el tipo de datos de series de tiempo. La única excepción en este tipo de conversión es la existencia de dos propiedades principales que requieren una modificación a la transformación de wavelet.

Convertir gráficos en datos numéricos

Es posible cambiar los datos de un gráfico en datos numéricos aplicando diversos métodos, como el escalamiento multidimensional. La mayoría de estos métodos son adecuados para aplicaciones en las que tenemos los bordes ponderados. Además, existen algunas relaciones a distancia. El enfoque más espectral se puede aplicar al convertir una gráfica en una representación multidimensional.

Limpieza de datos

Este proceso es clave debido a los errores y la inconsistencia en el proceso de recopilación de datos. Es posible que surjan algunos errores y entradas en el proceso de recopilación. Algunos de los ejemplos incluyen:

1. Existen ciertas tecnologías de recopilación de datos que nunca son precisas debido a las limitaciones de hardware relacionadas con la transmisión y recopilación. Por ejemplo, los sensores pueden omitir una lectura debido al agotamiento de la batería o los problemas de hardware.

2. Los datos que se recopilan utilizando las tecnologías de escaneo pueden contener errores porque el dispositivo de caracteres ópticos puede tener errores. Además, los datos de voz a texto contienen errores.

3. Los usuarios pueden evitar describir su información debido a la privacidad, o pueden enviar detalles incorrectos.

4. Un tamaño razonable de los datos se produce manualmente. Los errores manuales son propensos en el proceso de entrada de datos.

5. Es posible que la entrada definida para la recopilación de datos no tenga campos para ciertos registros que parezcan costosos. Por lo tanto, podemos tener registros que no estén correctamente especificados.

Los problemas enumerados anteriormente podrían afectar la precisión de las aplicaciones de minería de datos. Por lo tanto, se requieren métodos para corregir los errores y los valores faltantes en los datos. A continuación, se presentan algunas de las propiedades enumeradas en la minería de datos:

1. Tratar con valores faltantes

Muchos registros de datos tienen menos información debido a las desventajas en el proceso de recopilación de datos o la naturaleza general de los datos. Estos tipos de entradas requieren una estimación. El procedimiento de aproximación de entradas se denomina imputación.

2. Tratar con registros incorrectos

En situaciones donde tenemos información similar de diferentes fuentes, es posible detectar inconsistencias. El proceso analítico implica la eliminación de tales inconsistencias.

3. Escalado de datos y normalización

Los datos se pueden expresar en diferentes formas. Esto puede hacer que ciertas funciones reciban mucha más atención que otras. Por lo tanto, es una buena práctica aprender a normalizar funciones separadas.

Veamos en detalle cada uno de los aspectos de la limpieza de datos mencionados anteriormente.

1. Tratar con valores faltantes

Las instancias de entradas faltantes son prominentes en las bases de datos que tienen un método incorrecto de recolección de datos. Algunos ejemplos son encuestas de usuarios que no pueden permitir que se recopilen respuestas a todas las preguntas. Se pueden usar tres técnicas para corregir las entradas omitidas o mal ubicadas:

> 1. Un registro de datos con entradas faltantes se elimina por completo. Sin embargo, este método podría no ser el mejor cuando la mayoría de los registros tienen entradas extraviadas.

2. Los valores omitidos deben ser asignados. Sin embargo, los errores que pueden surgir a través de la imputación pueden interferir con el algoritmo de extracción de datos.

3. El método analítico se crea de manera que pueda tratar con los valores faltantes. Muchas de las técnicas de minería de datos funcionan de manera correcta cuando tenemos valores fuera de lugar. Este es el mejor enfoque porque limita los sesgos en la fase de imputación.

El desafío que existe al aproximar las entradas es similar al de la clasificación. Un atributo se asume único, y los valores restantes definen la estimación del valor. Por lo tanto, un valor fuera de lugar podría aparecer en cualquier propiedad, y esto hace que el problema sea más difícil.

Cuando consideramos datos espaciales y datos de series de tiempo, es fácil aproximar un valor fuera de lugar. En este caso, los valores de comportamiento se utilizan durante la fase de imputación.

Cómo tratar con valores faltantes

Los principales métodos utilizados para corregir y eliminar entradas inconsistentes incluyen:

1. Detección de inconsistencias

Esto se logra cuando los datos de diferentes fuentes de formato están presentes. Por ejemplo, el nombre de una persona puede estar escrito en su totalidad, mientras que las fuentes restantes pueden tener símbolos para las iniciales y el apellido. En este ejemplo, la principal preocupación es la detección de inconsistencias y duplicados.

2. Conocimiento del dominio

Existe un tamaño considerable del conocimiento del dominio basado en el rango de los atributos. Un ejemplo es que, si el país es Estados Unidos, entonces la ciudad no puede ser "Dubai". Muchas de las herramientas de auditoría y depuración de datos están diseñadas para usar las restricciones de dominio y el conocimiento para controlar las entradas incorrectas.

3. Métodos centrados en datos

Este método aplica el comportamiento de datos estadísticos para definir valores atípicos.

Escalado y Normalización

La mayoría de las veces, las diferentes características muestran escalas de referencia separadas, y es difícil comparar una con otra. Por ejemplo, el atributo de edad se define en una escala diferente a un atributo de salario.

Transformación y Reducción de Datos

El concepto detrás de la reducción de datos es mostrarlo de manera compacta. En el caso de que el tamaño de los datos sea reducido, no es difícil usar algoritmos costosos o complejos. Los datos pueden reducirse en forma de filas o columnas. La reducción de datos no conduce a la pérdida de información, pero el uso de un algoritmo avanzado puede causar la pérdida de información. A continuación, se presentan algunas de las técnicas a utilizar en la reducción de datos:

1. Muestreo de datos

En este método, los registros de datos ocultos se extraen para ayudar a realizar una base de datos de tamaño reducido. En general, es difícil muestrear datos de transmisión porque la muestra debe actualizarse dinámicamente.

2. Selección de características

Es aquí donde seleccionamos un pequeño subconjunto de las características de datos y lo aplicamos en el proceso analítico. La selección de un subconjunto se realiza de forma dependiente de la aplicación. Esto se debe a que un método que podría funcionar en la agrupación en clústeres puede no aplicarse durante la clasificación.

3. Reducción de datos

La relación existente en los datos es ayudar a revelar algunas dimensiones. Si desea reducir los datos, puede decidir utilizar el análisis semántico, el análisis latente y otros métodos que no se mencionan aquí.

4. Reducción de datos en función del tipo de transformación

Este tipo de datos está asociado con la portabilidad de tipos.

Capítulo 4: Similitud y Distancias

La mayor parte de la manera en que se aplica la minería de datos requiere una forma de crear una distinción entre atributos, patrones y eventos similares presentes en los datos. Es una forma en la que puede descubrir la similitud entre los objetos de datos. La mayoría de los problemas experimentados en la minería de datos tienen alguna similitud.

Con las funciones de similitud, notará que los valores más grandes tienen una similitud mayor y lo contrario cuando se trata de funciones relacionadas con la distancia. Otros campos, como los datos espaciales, las funciones de distancia son los más discutidos popularmente, mientras que, en el dominio de texto, las funciones de similitud toman la iniciativa. No solo eso, sino también los principios utilizados en el desarrollo de estas funciones son diferentes.

Este capítulo examinará algunas de las funciones relacionadas con la distancia y la similitud. Ambas funciones aparecen en forma cerrada, excepto en dominios específicos donde tenemos los datos de series de tiempo determinados algorítmicamente.

Las funciones de distancia son críticas cuando se trata del diseño de los algoritmos de minería de datos. Una de las razones de esto es que una mala elección afectará negativamente la calidad de los resultados. Existen situaciones en las que un analista de datos utilizará la función euclidiana sin tener en cuenta la elección general. En general, es una opción poco común para un analista menos experimentado dedicar demasiado esfuerzo en el diseño del algoritmo cuando se trata de la función de distancia.

Datos Multidimensionales

Aunque los datos multidimensionales parecen simples, existe mucha diferencia en el diseño de la función de distancia cuando consideramos los tipos de atributos como los datos cualitativos o categóricos.

Datos Cuantitativos

La norma Lp es el tipo de función de distancia más común utilizado para tratar los datos cuantitativos. Definimos la norma Lp de dos puntos de datos como el punto X y Y de la siguiente manera:

$$Dist(\overline{X}, \overline{Y}) = \left(\sum_{i=1}^{d} |x_i - y_i|^p \right)^{1/p}.$$

Las dos instancias de la norma Lp incluyen las métricas de Euclides y Manhattan. Ambos casos son únicos. Una línea recta que une dos puntos de datos se denomina distancia euclidiana, mientras que la distancia alrededor de una región organizada en forma rectangular es la distancia de Manhattan.

La rotación invariable es una propiedad de la distancia euclidiana, que no puede afectar la naturaleza de un sistema dado. Esta característica indica que los cambios en PCA, SVD y la transformación de wavelet deben excluirse de la distancia. Otra situación importante tiene que ver con el ajuste de $p = \infty$. Este tipo de cálculo crea dos objetos que están lejos el uno del otro y muestran el valor absoluto de la distancia.

Cuando se trata de la norma Lp, es una función de distancia común utilizada en la minería de datos. Es común debido a su atractivo intuitivo natural y la interpretabilidad de las normas L1 y L2 cuando se utiliza en aplicaciones espaciales. Sin embargo, la interpretación natural de las distancias anteriores no significa que sean las más importantes. Además, estas funciones pueden dejar de funcionar correctamente siempre que los datos sean de alta dimensión.

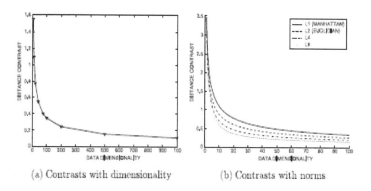

(a) Contrasts with dimensionality   (b) Contrasts with norms

La figura anterior muestra cómo una reducción en la distancia varía con el aumento de las dimensiones y las normas.

El impacto de la relevancia del dominio específico

En algunos casos, es posible que el analista indique el tipo de características que son importantes de otros en una aplicación específica. Por ejemplo, cuando observamos un software de calificación crediticia, el atributo de salario es importante cuando diseñamos el sistema y la función de distancia. Esto no es lo mismo que una propiedad de género que puede tener varias diferencias.

En el siguiente caso, el analista puede decidir medir la propiedad de manera diferente en caso de que exista un conocimiento específico del dominio. Por lo general, este procedimiento heurístico depende de la habilidad y las experiencias. La distancia de Lp generalizada es la mejor para esta situación, y es definida de la misma manera que la norma de Lp, la única diferencia es que el coeficiente a1 está relacionado con la propiedad "ith". El mismo factor se usa para calcular el peso de la característica relacionada en la norma Lp.

$$Dist(\overline{X}, \overline{Y}) = \left(\sum_{i=1}^{d} a_i \cdot |x_i - y_i|^p \right)^{1/p}.$$

La mayoría de las veces, este conocimiento de dominio no existe. En este caso, la norma Lp puede ser el estado predeterminado. Sin embargo, cuando no hay conocimiento relacionado con las características clave, la norma Lp se vuelve vulnerable a los efectos de las dimensiones.

El Impacto de la Alta Dimensionalidad

Si observa los casos de solicitud para la minería de datos basada en la distancia, se dará cuenta de que la eficiencia disminuye con el aumento de la dimensionalidad. Podemos considerar un algoritmo de distancia diseñado para agrupamiento; este algoritmo puede crear puntos de datos especiales debido al aumento de la dimensión. Esto significa que el modelo de clasificación y agrupamiento basado en la distancia es ineficiente cualitativamente. Esto también se conoce como la "maldición de la dimensionalidad".

El Efecto de las Características Localmente Irrelevantes

Una de las principales formas de evaluar el impacto creado por la alta dimensionalidad es analizar las características innecesarias. Esto es importante porque todas las propiedades serán diferentes en un conjunto de datos extenso. Un ejemplo es una base de datos que contiene los registros de historia clínica de los pacientes.

Una métrica de distancia puede resultar en un alto valor que emerge de los módulos ruidosos. El factor clave es que las características exactas importantes para el cálculo de la distancia pueden ser sensibles a un par específico de objetos comparados. Es difícil para el subconjunto de características globales resolver este problema porque la importancia de las características se define localmente utilizando un par de objetos. En general, virtualmente todas las características pueden ser innecesarias.

Cuando tenemos muchas características irrelevantes, las características innecesarias se representan en distancias. En muchos casos, estas características innecesarias pueden generar errores al calcular la distancia. Dado que un conjunto de datos de alta dimensión puede tener características separadas, y muchas de estas características no son relevantes, el efecto aditivo puede no ser peor.

El efecto de Diferentes normas Lp

Las diferentes normas Lp no funcionan de la misma manera que el contraste de distancia o las características irrelevantes. Puede considerar el peor de los casos donde $p = \infty$. Esto resulta en el uso de una dimensión donde dos objetos no son iguales. En la mayoría de los casos, esto podría ser el resultado de una variación normal en una propiedad impar no necesaria en las aplicaciones de similitud.

Cálculo de una partida en semejanza

Dado que se recomienda elegir las características apropiadas localmente para un cálculo de distancia dado, una pregunta que debe abordarse es cómo esto puede ser posible en la minería de datos. Una forma fácil de abordarlo es asumiendo la evidencia agregada de comparar valores característicos que se han encontrado para ser eficientes. Además, la técnica no es difícil de implementar. Lo más importante es que funciona perfectamente para datos de alta dimensión, son los efectos causados por las variaciones en el ruido y los atributos individuales. Normalmente, este tipo de enfoque crea diversos desafíos para los datos de baja dimensión. Por lo tanto, se requiere una técnica para modificar las dimensiones de los datos automáticamente. Con un aumento en la dimensionalidad, un registro puede tener propiedades tanto verdaderas como falsas. Un par de objetos semánticos puede tener diferentes valores debido a la diferencia en la interferencia.

Al mismo tiempo, un par de objetos pueden tener valores similares y cubrir una propiedad amplia. Lo más fascinante es que la métrica euclidiana utiliza un efecto completamente diferente. Esto hace que los módulos de interferencia de las características impares ocupen un espacio grande y traduzcan los mismos atributos relevantes.

La norma L∞ es un buen ejemplo para indicar la dimensión que tiene el mayor valor de distancia. En los dominios avanzados, parece existir un énfasis en el impacto agregado de una coincidencia en numerosos valores en lugar de grandes distancias en una propiedad individual. También puede utilizar el mismo principio en datos cuantitativos.

Una forma de enfatizar los niveles exactos de disimilitud es con la ayuda del valor límite umbral de proximidad. Para lograr esto, es importante que los datos se mantengan en un estado discreto. Cada dimensión se divide en cubos kd equi-profundidad. El número de cubos depende de las dimensiones de los datos.

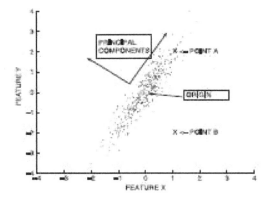

Global data distributions impact distance computations

El Efecto de la Distribución de Datos

La norma Lp se basa en dos puntos de datos y tiene una relación indirecta con las estadísticas globales del resto de los puntos. Esto significa que la distancia depende de cómo se distribuyen los datos en el conjunto de datos. Para mostrar esto, debe consultar la distribución que se muestra a continuación. Además de eso, los dos puntos de datos A y B se han demostrado en el diagrama anterior. Como puede ver, los puntos A y B son equidistantes del origen en función de la norma Lp.

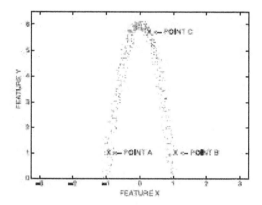

Impact of nonlinear distributions on distance computations

Una pregunta importante es si los puntos A y B son equidistantes del centro. La respuesta a esto es que tenemos una línea que va de O a A que es igual al cambio más significativo en la dirección de los datos, y existe la posibilidad de que los puntos de datos estén lejos en este caso. Del mismo modo, muchas partes que van de O a B no están densamente pobladas. Además, tenemos la dirección equivalente como un punto de baja varianza. Esto significa que se debe realizar una comparación entre O y A y entre O y B.

La 'distancia de Mahalanobis' está diseñada de acuerdo con este principio. Si desea comprender la distancia de Mahalanobis, debe analizarla a partir del análisis de componentes. Esta distancia es la misma que la distancia euclidiana, con la única excepción de que estandariza los datos en función de las asociaciones entre los atributos. Por ejemplo, si necesitamos rotar el eje a la dirección principal de los datos, esos datos deberían estar sin las asociaciones entre atributos.

Las Distribuciones no lineales: ISOMAP

Consideremos un caso donde los datos tienen una distribución no lineal de cualquier forma. Un gran ejemplo es la distribución global ilustrada en la siguiente figura. De acuerdo con los tres puntos de datos que se muestran arriba, ¿qué par considera que está cerca del otro? Al principio, podría decir que A y B son los más cercanos; sin embargo, la distribución global es diferente. Un enfoque para aplicar en la comprensión de distancias es encontrar la longitud más corta de un punto a otro.

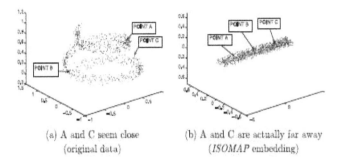

(a) A and C seem close   (b) A and C are actually far away
    (original data)   (ISOMAP embedding)

El concepto principal es que solo los saltos puntuales cortos permiten medir los cambios más pequeños que ocurren en el proceso generativo. Por lo tanto, la suma total de saltos de un punto a otro es el cambio acumulativo de una región a otra.

Efecto de Distribución de Datos Locales

La presente discusión examina el efecto de las distribuciones globales en el cálculo de la distancia, pero la distribución de los datos varía en función de la localidad. Este tipo de cambio existe en dos variaciones. Por ejemplo, la densidad de datos puede cambiar dependiendo de la forma o ubicación de los grupos de datos.

Relación vecina compartida más cercana

Esta situación involucra al vecino k más cercano de cada punto de datos calculado antes de la fase de procesamiento. Este tipo de similitud no es diferente de la suma total de puntos cercanos a los puntos de datos. De hecho, es más sensible, ya que se basa en la suma de vecinos compartidos y en las distancias absolutas. En las áreas altamente pobladas, la distancia del vecino más cercano a k es pequeña, mientras que los puntos de datos están cerca para aumentar la suma total de vecinos. El vecino más cercano compartido puede usarse para definir la similitud del gráfico sujeto a los puntos de datos.

Métodos genéricos

En este tipo de cálculo, lo más importante es compartir el espacio en diferentes regiones locales. Posteriormente podemos modificar la distancia en cada región con la ayuda de algunas estadísticas. En resumen, el concepto principal es el siguiente:

1. Separar datos en distintas partes locales.
2. Buscar la mayor parte de la región en cada dato particionado y calcular las distancias de la región.
3. Finalmente, dividir conjuntos separados de regiones locales.

Se han utilizado diversos enfoques de agrupación en clústeres para subdividir los datos en partes separadas. En las instancias en las que cada par de objetos proviene de un punto único, recurrimos a usar la distribución general o calcular el promedio. Otro problema que podría surgir en el primer paso implica la división del algoritmo. Este proceso generalmente crea una solución circular que necesita una solución iterativa.

Consideraciones Computacionales

Cuando se trata del desarrollo de funciones de distancia, el enfoque principal está en la complejidad computacional. Esto se debe a que el cálculo de la distancia se basa en la subrutina, que depende de la aplicación actual. Si la subrutina no se ejecuta correctamente, la aplicación es limitada. Usar métodos como ISOMAP es más costoso y difícil de ejecutar para un conjunto de datos mayor. Sin embargo, la gran ventaja de estos métodos es que un solo cambio puede generar una representación que se pueda aplicar correctamente en los algoritmos de minería de datos.

Las funciones de distancia se usan regularmente, pero solo el preprocesamiento ocurre una vez. En resumen, es beneficioso utilizar el método intensivo de preprocesamiento si va a aumentar los cálculos. En la mayoría de las aplicaciones, los métodos complejos como el ISOMAP pueden parecer más costosos, aunque solo se utilice para un análisis único.

Datos Categóricos

Calculamos las funciones de distancia como funciones de diferencias de valor. Sin embargo, no existe ningún orden en los distintos valores de los datos categóricos. Entonces, ¿cómo podemos calcular la distancia? Una forma es convertir los datos en forma categórica a forma numérica mediante el uso de la técnica de binarización. Dado que existe espacio para que un vector binario sea escaso, puede optar por usar funciones de similitud de otros campos como el texto. Por ejemplo, si está tratando con datos en forma categórica, utilizará principalmente funciones de similitud en lugar de funciones de distancia porque puede crear una comparación de las funciones discretas.

Datos Cuantitativos y Categóricos

Es mucho más sencillo desarrollar un estilo generalizado para los datos mixtos al calcular los pesos de los componentes cuantitativos y los componentes numéricos. La tarea principal es la forma en que asignará los elementos de peso cuantitativo y categórico.

Por ejemplo, si tomamos dos registros de X e Y como el subconjunto de atributos numéricos y Xc, Yc es el subconjunto de los atributos categóricos, la similitud general se verá así:

$Sim(X, Y) = \lambda \cdot NumSim(Xn, Yn) + (1 - \lambda) \cdot CatSim(Xc, Yc).$

El parámetro λh generalmente define la relevancia de las propiedades numéricas y categóricas. Este valor de λ no es tan simple, especialmente cuando no se cuenta con conocimiento del dominio.

Un valor normal para λv debe ser equivalente a la sección de las propiedades numéricas en los datos. Además de eso, la distancia de los datos numéricos se encuentra al calcular la distancia en lugar de las funciones de similitud.

Aun así, podemos cambiar los valores de distancia. Además, se requiere la normalización para que se cree una comparación entre los valores de similitud de los componentes. Un mejor enfoque es identificar las diferencias estándar entre los valores correspondientes de dos dominios.

Medidas de Similitud de Texto

Podemos asumir el texto como datos cuantitativos multidimensionales si lo revisamos exhaustivamente. La tasa de recurrencia de cada palabra es una propiedad cuantitativa, y podemos ver el léxico como un conjunto completo de atributos.

Además de eso, la estructura del texto podría ser escasa en la mayoría de los atributos que asumen valores 0. Además, la tasa de aparición de las palabras puede no ser negativa. Como puede ver, la estructura del texto es única y contiene una implicación relevante cuando se trata de la similitud de cálculo y los algoritmos de minería de datos.

Datos binarios y conjuntos

Cuando consideramos un dato multidimensional que es binario, lo representamos como un dato basado en conjuntos. Esto implica que un valor de 1 significa que hay un componente en el conjunto. Este tipo de datos es común en el dominio de la cesta de compra donde cada transacción tiene información para determinar si un objeto está presente en la transacción. Podemos asumir esto como un caso especial de datos de texto donde la frecuencia de palabra podría ser 0 o 1.

Medidas de Similitud Temporal

Contiene una característica única que mostrará el tiempo y otras características de comportamiento relacionadas. Los datos temporales pueden mostrar una serie temporal sin escalas basada en el dominio presente. La secuencia discreta se puede considerar como una versión discreta de la serie temporal continua. Es importante que uno muestre que los datos de secuencia discreta no son a corto plazo, ya que el atributo contextual representa la ubicación. Esta es una situación común en la secuencia de datos biológicos. La secuencia discreta también se conoce como cadena. Además, muchas de las medidas de similitud aplicadas en la serie de tiempo, así como la secuencia discreta, pueden usarse nuevamente en otros dominios.

Capítulo 5: Minería de Patrones de Asociación

Un procedimiento básico de la minería de patrones de asociación se basa en el caso de los datos de un supermercado que consiste en un conjunto de artículos comprados por los clientes. Esto se conoce como transacción. El objetivo es crear una asociación entre los artículos comprados por los clientes.

Uno de los modelos más comunes para la asociación es la minería de patrones, que tiene una frecuencia de conjuntos para cuantificar el tipo de asociación. Los elementos descubiertos representan los patrones frecuentes o conjuntos de elementos grandes. Este campo de minería de datos contiene diferentes áreas de aplicación, como se muestra a continuación:

1. Datos de supermercado

Este fue el punto de inspiración inicial para la creación de minería de patrones de asociación. Además, es la razón por la que nos referimos al término conjunto de elementos como el patrón recurrente basado en el contexto de los artículos comprados por un cliente de un supermercado. La determinación de los artículos que se compran con frecuencia crea una idea en la forma en que se pueden organizar los artículos en el estante.

2. Minería de texto

Los datos de texto aparecen como una bolsa de palabras. Por lo tanto, la existencia de un patrón de extracción frecuente puede ayudar a seleccionar palabras clave y términos que ocurren con frecuencia. Los términos repetidos tienen mucha aplicación en el dominio de minería de texto.

3. Tipos de datos de dependencia

El concepto de patrón de extracción inicial se ha interpretado en muchos tipos de datos de dependencia, como datos secuenciales, espaciales y de series de tiempo. Estos modelos son adecuados para aplicaciones que utilizan análisis de weblog, detección de eventos y detección de errores de software.

4. Otros desafíos de la minería de datos

La minería de datos regular se puede aplicar en la subrutina para crear soluciones eficientes para la mayoría de los desafíos de la minería de datos.

Debido a que se sugirieron desafíos frecuentes en la minería de patrones en función de los datos de la canasta de mercado, se aplica una cantidad considerable de tecnología para describir los datos y el producto tomado de la idea del supermercado. Podemos definir un patrón regular como la frecuencia de un subconjunto de todos los conjuntos posibles.

Los conjuntos de elementos frecuentes se pueden aplicar en la generación de reglas para asociación en esta forma X => Y donde X e Y pertenecen a un conjunto de elementos. El ejemplo más común de una regla de asociación que es común en estos días es el {Cerveza} ⇒ {Pañales}. En esta regla particular, se considera que, si un cliente compra cerveza, existe una mayor probabilidad de que también se compren pañales. En otras palabras, tenemos una dirección específica a la implicación, que se crea como una condición de probabilidad.

Las reglas de asociación son comunes en diferentes mercados objetivo. Por ejemplo, el dueño del supermercado puede colocar yogurt en los estantes que están cerca de la leche y los huevos. Del mismo modo, el propietario del supermercado podría decidir promocionar el yogur entre los clientes que compran regularmente leche y huevos. El modelo de frecuencia aplicado en la minería de patrones de asociación es muy común en muchos supermercados.

Sin embargo, la frecuencia del patrón en bruto no está cerca de las correlaciones estadísticas. Por lo tanto, tenemos muchos modelos creados para la minería de patrones frecuentes. Comencemos observando el modelo frecuente de minería de patrones.

Modelo frecuente de minería de patrones

La principal debilidad de la técnica de minería anterior se encuentra en el conjunto de datos no ordenados. En esta técnica, representamos un conjunto de transacciones como T1 ... Tn. Todas las transacciones suceden en una base de datos. Cada transacción individual se extrae de una lista universal de elementos representados como U. Podemos expresar este conjunto universal como un registro multidimensional que contiene un registro de atributos.

Cada uno de los registros binarios tiene propiedades para representar un elemento en particular. El valor de un registro específico, en este caso, es 1 si el artículo existe en la transacción y 0 si no existe.

En la práctica, U contiene una lista extensa de artículos en comparación con los artículos normales en la transacción T1. Un ejemplo es el caso de una base de datos de supermercados, que tiene más de mil productos, en una sola transacción; contendrá menos de 50 productos. Esta característica está asociada con el patrón de algoritmo de minería frecuente.

Un conjunto de elementos representa una lista de elementos. Si elegimos un conjunto de elementos k para representar k productos, esto significará que un conjunto de elementos k tiene una colección de elementos de k cardinales. Parte de las transacciones en T1 ... Tn representa un subconjunto que crea una cuantificación de la frecuencia.

El esquema de producción de la regla de asociación

Los conjuntos de elementos frecuentes pueden crear más reglas de asociación mediante la aplicación de confianza. La confianza se refiere a una medida en el marco de la asociación. Por ejemplo, el nivel de confianza de una regla dada, como A => B, se refiere a la probabilidad de que una transacción pueda tener una colección de artículos B.

Algoritmos de minería para un conjunto de elementos frecuente

En esta parte, analizaremos diferentes algoritmos utilizados en la generación frecuente de conjuntos de elementos. Como existen muchos algoritmos de conjuntos de elementos frecuentes diferentes, este capítulo se concentrará en algunos algoritmos comunes.

El algoritmo de fuerza bruta

Considere una colección global de elementos de U. Contiene 2 | U | - 1 subconjuntos únicos. Por lo tanto, existe la posibilidad de crear todos los miembros de los conjuntos de elementos y comparar su compatibilidad con una base de datos de T. La técnica de fuerza bruta se puede mejorar mediante la observación de que el número de patrones (k + 1) es común con el número de k-patrones. Por lo tanto, es posible contar y enumerar patrones de soporte que tienen un elemento, dos elementos, etc.

En el caso de una transacción dispersa, el valor de L es menor que | U |. En este estado, es correcto que termine. Si queremos aumentar la eficiencia del algoritmo de minería de patrones, podemos usar las siguientes técnicas:

> 1. Limitar el tamaño del espacio de búsqueda a través de la reducción de candidatos en un conjunto de elementos.
> 2. Contar el soporte de cada candidato reduciendo transacciones innecesarias.

3. Aplicar una estructura de datos compacta para representar a los candidatos.

El Algoritmo de Apriori

Tiene una propiedad descendente que ayuda a eliminar los candidatos encontrados en un espacio de búsqueda determinado. Esta propiedad crea una estructura abierta que depende de la colección de elementos de patrones regulares. De hecho, los datos que son inconsistentes con el conjunto de elementos tienen que construir un superconjunto de la manera más efectiva.

En otras palabras, si tenemos un conjunto de elementos poco frecuente, no es necesario medir el apoyo de los candidatos superconjuntos. Esto es útil si desea reducir el conteo innecesario. El algoritmo de Apriori crea candidatos que tienen una longitud k pequeña y luego cuentan el soporte antes de generar candidatos de longitud k + 1.

La frecuencia final del conjunto de elementos k produce una lista de k + 1 candidatos a través del cierre de la propiedad descendente. La producción de candidatos, así como el apoyo creado en el conteo, existe en Apriori. Dado que contar con un candidato es la parte principal que se ocupa del proceso de generación, se recomienda reducir el número de candidatos.

Para describir el algoritmo fácilmente, asumimos que los elementos en la lista universal contienen una secuencia lexicográfica. Esto significa que cada conjunto de elementos {a, b, c, d} puede tener una cadena de elementos abcd. Puede aplicar esto para crear un orden dentro de los conjuntos de elementos que tienen un orden similar que corresponde a las cadenas y puede estar presente en el diccionario.

Este algoritmo comenzará a contar el soporte de elementos individuales para producir una frecuencia de 1-conjunto de elementos. Este conjunto de elementos está integrado para producir dos conjuntos de elementos cuyo soporte ya se ha contado.

En general, los conjuntos de elementos frecuentes de longitud K se utilizan para crear candidatos de longitud (K + 1) para aumentar los valores de k. En general, un conjunto de elementos frecuente que tiene una longitud de k se aplica en la construcción de un candidato de k + 1 de longitud para aumentar los valores almacenados en K.

Nos referimos a los algoritmos que contienen una serie de candidatos de soporte como un tipo de algoritmos a nivel. Podemos permitir que Fk sea un conjunto que contenga k conjuntos de elementos frecuentes, y Ck que represente a un conjunto de candidatos que tengan k-conjunto de ítems. La idea básica del concepto básico es generar candidatos de k + 1 repetidamente a partir de una colección de k-conjunto de ítems.

La tasa de ocurrencia de los candidatos k + 1 depende de las transacciones de la base de datos. Si generamos k + 1 candidatos, requerimos que el espacio de búsqueda se reduzca al determinar si (k + 1) los candidatos están presentes en Fk.

Conteo de apoyo efectivo

Para crear el conteo de soporte correcto, Apriori debe analizar los candidatos en el conjunto de elementos de la transacción exactamente. Esto se realiza cuando usamos un árbol hash en la estructura de datos. El árbol hash organiza cuidadosamente los patrones candidatos en un orden Ck + 1 para permitir la eficiencia durante el conteo.

Un árbol hash es aquel que contiene un número específico de nodos internos. Los nodos internos tienen una relación aleatoria con la función hash, que ayudará a mapear el índice de los diferentes hijos que existen en el nodo del árbol. Cada nodo de hoja del árbol tiene una lista de elementos filtrados. Todos los nodos interiores tienen una tabla hash. Para cada conjunto de elementos en el Ck + 1 tiene precisamente un nodo de una sola hoja del árbol hash. La función hash debe contener los nodos interiores para ayudar a determinar si un conjunto candidato de elementos tiene un nodo hoja.

También podemos asumir que los nodos interiores tienen la misma función, lo que resulta en [0. . . h − 1]. El valor h es una rama del árbol hash. Cada miembro del conjunto de elementos Ck + 1 se traduce en un nodo de hoja de árbol.

Consideremos que el punto inicial del árbol hash está en el nivel 1, y los niveles subsiguientes aumentan en 1. Luego, suponga que la organización de los elementos en las transacciones está en el orden lexicográfico.

El árbol debe diseñarse de forma recursiva de arriba a abajo, y la cuenta mínima del nodo de hoja se mantiene por el número de candidatos existentes en el nodo de hoja. Además, el conjunto de elementos contenido en el nodo de hoja se clasifica de una manera específica.

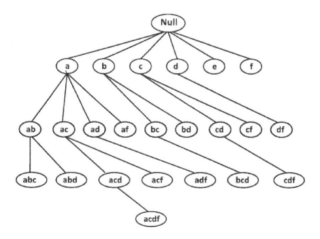

Los algoritmos del árbol de enumeración

Estos tipos de algoritmo dependen del concepto de enumeración. En esta situación, varios miembros de los conjuntos de elementos se construyen como un árbol. Esta estructura con forma de árbol se llama árbol lexicográfico. Los patrones candidatos se producen extendiendo el árbol lexicográfico. Existen diversas formas en las que puede expandir el árbol para obtener diferentes estados entre la eficiencia computacional, el costo de acceso al disco y el almacenamiento.

Una de las principales características del árbol de enumeración es producir una representación teórica de los conjuntos de elementos. Este tipo de representación debe depender del patrón constante de los algoritmos para asegurar una minería consistente de los patrones de los miembros. Además, garantiza que el patrón de minería no se produzca de manera repetitiva. El resultado de estas estructuras es el árbol de enumeración. Definimos el árbol basado en los siguientes conjuntos de elementos:

> 1. Un nodo existente en el árbol similar al conjunto de elementos constante. La base del árbol se parece a un conjunto de elementos nulo.
> 2. I = {i1 ... ... ik} representa un conjunto de elementos frecuente, en este caso, i1, i2 ... ik se definen en orden lexicográfico. En el conjunto de elementos {i1.... ik-1} el nodo principal es I. Esto significa que solo el nodo secundario puede extenderse con elementos que aparecen lexicográficamente. Todavía puede considerar el árbol de enumeración como un árbol de prefijo.

Este tipo de relación ancestral crea una estructura en los nodos que se encuentran en el nodo nulo. La mayoría de los algoritmos de árbol de enumeración operan a través de la construcción de un conjunto de elementos estándar de árbol de enumeración ya definidos en la estrategia. En primer lugar, el nodo raíz debe extenderse a través de la búsqueda de los 1-elementos. Entonces los mismos nodos se unen para formar candidatos. Luego, los candidatos se analizan en la base de datos de transacciones para averiguar los más frecuentes. El árbol de enumeración crea un marco que crea una estructura y orden en el descubrimiento frecuente de conjuntos de elementos; esto se crea para potenciar la reducción, así como el proceso de conteo.

Capítulo 6: Análisis de Agrupamiento

En diversas aplicaciones, los datos deben dividirse en partes limitadas. La división de los puntos de datos masivos en partes más reducidas simplifica si una persona desea resumir los datos y obtener significados utilizando aplicaciones de minería de datos. Un ejemplo de una definición informal pero elaborada de agrupamiento incluye:

"Con un conjunto de puntos de datos, divídalos en grupos que posean puntos de datos similares".

Esta es una forma intuitiva de definir la agrupación en clúster, ya que no describe ni explica en detalle las diversas formas en que podemos crearlos. Algunas de estas aplicaciones incluyen:

1. Resumen de datos

En un dominio amplio, podemos considerar el problema de la agrupación en clústeres como una forma de resumir los datos. Sin embargo, la extracción de datos implica recuperar información específica. Generalmente, el primer proceso aplicado en el algoritmo de extracción de datos es la agrupación en clústeres. Por lo tanto, muchas aplicaciones tienen la propiedad de resumen del análisis de agrupación.

2. Segmentación de clientes

Es importante conocer las características comunes de un grupo de clientes. Esto se realiza diferenciando a los clientes. La aplicación más común de la división de clientes se encuentra en el filtrado de colaboración. Aquí encontramos una preferencia común para un grupo de clientes.

3. Análisis de redes sociales

Los nodos delimitados por un enlace tienen grupos similares de comunidades y amigos. Por ejemplo, la agrupación en clústeres se usa antes del paso de procesamiento en la mayoría de los escenarios de detección de clasificación y valores atípicos. Se pueden usar modelos de diferentes formas en diferentes tipos de datos y situaciones.

El problema con una gran cantidad de algoritmos de agrupación es que las múltiples propiedades son caóticas. Por lo tanto, estas características deben eliminarse para que no formen parte del agrupamiento. Este problema se conoce como selección de características.

Selección de características

El concepto principal involucrado en la selección de características tiene que ver con la eliminación de atributos de ruido. La selección de funciones es difícil de realizar con problemas no supervisados, como la agrupación en clústeres. Otro problema relacionado con la selección de características tiene que ver con la identificación de un comportamiento intrínseco que existe en un conjunto de propiedades. El método de selección de características determina un subconjunto de características mediante la utilización de las ventajas de la agrupación en clústeres. Encontrará dos modelos que se utilizan en la selección de atributos.

1. Modelos de filtros

En este modelo, cada puntaje se limita a una característica dada que existe en los factores de similitud. En este caso, los puntos de datos con una puntuación falsa se excluyen de la lista. Este modelo puede mostrar el estado de un subconjunto como una combinación de una sola propiedad. Estos son modelos importantes debido al efecto incremental de agregar características adicionales a otros.

2. Modelos de envoltura

Con los modelos de envoltura, tenemos un algoritmo de agrupamiento que determina la calidad de las características en un subconjunto. Después de esto, cada subconjunto se optimiza en el agrupamiento. Es un enfoque normal en el que diversas características se basan en los agrupamientos. En un momento dado, las características seleccionadas dependerán de una metodología determinada aplicada en el agrupamiento. Si bien esto puede parecer un gran problema, la cuestión es que diferentes métodos de agrupación en clústeres pueden funcionar con un conjunto único de propiedades. Por lo tanto, la metodología permite utilizar las propiedades resaltadas en un enfoque de agrupamiento dado.

En los modelos de filtro, existe un criterio particular que se aplica cuando se trata de evaluar el efecto de características específicas o un subconjunto de características. A continuación, se muestra una breve introducción de los criterios más comunes.

1. Término de Fuerza

Este término se aplica en los dominios dispersos donde existen datos de texto. Es vital identificar tanto la presencia como la ausencia de valores de atributo cero y distintos de cero en lugar de la distancia. Además, es correcto aplicar funciones de similitud en lugar de funciones de distancia. Este método permite muestrear pares de documentos y aplicar un orden aleatorio entre cada par.

2. Dependencia del atributo predictive

La motivación interna para esta medida en particular es la característica correlacionada, que conducirá a características sorprendentes. Si un atributo es importante, los atributos restantes se pueden aplicar en la predicción del valor del atributo. Podemos usar un algoritmo de clasificación para determinar la propiedad de predicción. En caso de que tengamos un atributo numérico, usamos un algoritmo de regresión para modelar. O bien, aplicamos un algoritmo para clasificar los atributos. La técnica básica utilizada para validar un atributo se ilustra a continuación:

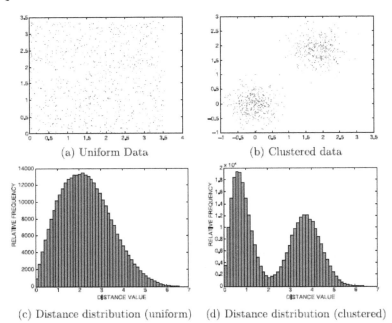

(a) Uniform Data (b) Clustered data

(c) Distance distribution (uniform) (d) Distance distribution (clustered)

1. El uso de un algoritmo para clasificar todos los atributos, excepto i es para pronosticar el valor del atributo.
2. Reportar la exactitud de la clasificación en forma de un atributo de relevancia i.

Puede aplicar cualquier algoritmo de clasificación válido, aunque un clasificador de vecinos más cercano sea una mejor opción debido a las conexiones naturales con la agrupación y el cálculo de similitud.

Entropía

El punto principal sobre este método se refiere a los datos altamente agrupados que representan algunas características de agrupación en las distribuciones de distancia. Para ilustrar este punto, podemos referirnos a los diagramas anteriores a y b. En el primer diagrama, mostramos datos distribuidos uniformemente, mientras que en el segundo diagrama representamos datos que tienen dos grupos.

La forma en que se dispersa una distancia de punto a punto se ha mostrado en los dos diagramas anteriores. La forma en que se extiende la distancia en los datos uniformes es en una curva parecida a una campana.

Por otro lado, los datos agrupados contienen dos puntos únicos relacionados con las distribuciones intracluster. Estos picos continuarán aumentando cuando aumente el número de grupos. El punto principal de medir la entropía es validar la forma de la distancia de distribución en un subgrupo de características dado. Por lo tanto, estos algoritmos requieren una forma transparente de buscar una combinación dada. Además de validar la entropía dependiente de la distancia, el estilo natural para cuantificar la entropía es a través de la aplicación de la distribución de probabilidad en los puntos de datos.

La presencia de una distribución uniforme con un comportamiento de agrupamiento deficiente resulta en una mayor entropía, mientras que los datos agrupados tienen una menor entropía. En resumen, usamos la entropía para determinar la retroalimentación de la calidad de agrupamiento del subconjunto.

Estadística de Hopkins

La estadística de Hopkins se aplica para identificar el comportamiento del clúster en un conjunto de datos, aunque podemos usarlo para determinar un subconjunto específico de atributos. Luego utilizamos un algoritmo de búsqueda como el método codicioso para integrar las funciones.

Suponga que D es el conjunto de datos con el que se evaluará la tendencia de agrupación. Generamos un modelo S o r puntos de datos sintéticos en el espacio de datos al azar. De manera similar, un modelo R que tiene puntos de datos indicados como r se define a partir de D. Puede tener al ... .ar denotar la distancia existente en las regiones de datos a sus miembros más cercanos de la base de datos original. Igualmente, dejamos $\beta 1$. . . sr denota distancias en varios puntos de datos de una muestra seleccionada S a sus vecinos más cercanos en D. Por lo tanto, definimos la estadística de Hopkins de la siguiente manera:

$$H = \frac{\sum_{i=1}^{r} \beta_i}{\sum_{i=1}^{r}(\alpha_i + \beta_i)}.$$

El rango para la estadística de Hopkins es (0, 1). Un dato distribuido uniformemente contiene el valor de Hopkins de 0.5, ya que los valores αi y βi son iguales. A la inversa, el valor αi será menor en comparación con el Bi para los datos agrupados. Esto nos proporciona un valor cercano a 1. En otras palabras, un valor alto en la estadística H de Hopkins representa un punto de datos agrupados.

Algo a lo que se debe prestar atención es que la técnica utiliza un muestreo aleatorio, lo que significa que la medida puede cambiar a medida que avanzamos a través de diferentes muestras aleatorias.

Si lo desea, puede permitir que el muestreo aleatorio se repita varias veces. Se aplica una prueba estadística de confianza para determinar el nivel de confianza cuando el valor estadístico de Hopkins es superior a 0,5.

Cuando consideramos la selección de características, podemos aplicar el valor promedio de la estadística en diferentes muestras. Esta estadística se utiliza para determinar la calidad de un subconjunto de atributos para ayudar a establecer la tendencia de agrupamiento en clústeres de un subconjunto determinado.

Modelos de envoltura

En este modelo, existe un criterio de validación de clúster interno integrado con el algoritmo de agrupamiento que se utilizará en el subconjunto correcto. El aspecto de la validación del clúster se utiliza para determinar la eficiencia de un agrupamiento.

La idea principal es seleccionar un algoritmo en la rama de agrupación en clúster que posea un subconjunto de propiedades para explorar y definir la combinación máxima de características. Podemos aplicar el algoritmo codicioso en el espacio de búsqueda de subconjuntos que tienen propiedades que podrían llevar a la optimización del aspecto de cuantificación de agrupaciones.

Otra técnica a aplicar es seleccionando las características individuales de un criterio de selección dado de una lista de algoritmos utilizados para realizar la clasificación. En este caso, tenemos el conjunto de propiedades examinadas individualmente en lugar de una colección del subconjunto. La técnica en agrupación configura una colección de etiquetas L que tienen un número igual de identificadores de puntos de datos.

Algoritmos Representativos

Son uno de los algoritmos más simples que dependen de la distancia para organizar los puntos de datos. Este tipo de algoritmos ayuda a construir agrupaciones instantáneamente, y las relaciones jerárquicas no están presentes en clústeres de diferente tamaño. Normalmente, esto se logra a través de la creación de una colección de representantes para ser usados en la partición. Los representantes de la partición pueden aplicarse como una función o seleccionarse de un conjunto de puntos de datos en la agrupación.

El enfoque central de los métodos anteriores es ayudar a detectar representantes de datos. Cuando creamos representantes, usamos una función de distancia para crear puntos de datos en sus representantes más cercanos. En general, el número de agrupaciones representadas por k está definido por el usuario.

Tomemos por ejemplo una muestra de puntos de datos representados por X1. . .Xn en el espacio dimensional. El propósito es encontrar representaciones de k Y1. . . Yk que puede reducir la función objetivo O:

$$O = \sum_{i=1}^{n} \left[\min_j Dist(\overline{X_i}, \overline{Y_j}) \right].$$

La suma total de puntos únicos de distancia a sus representantes más cercanos debe reducirse. No olvide que la asignación de los puntos de datos se basa en la Y1 elegida. . . Yk. Existen diferentes tipos de algoritmos representativos. Un ejemplo son los algoritmos k-medoid. Este algoritmo asume que Y1. . . Yk se extraen de la base de datos inicial D.

El algoritmo k-medias

Cuando se trata del algoritmo de K-medias, la suma del representante más cercano se usa para validar la función objetivo del grupo. Se expresa con las siguientes fórmulas:

$$Dist(\overline{X_i}, \overline{Y_j}) = ||\overline{X_i} - \overline{Y_j}||_2^2.$$

En este caso, el $||$ thisp denota la norma lp. La expresión Dist (Xi, Yj) es la estimación de un punto de datos utilizando su representante más cercano. En otras palabras, el propósito general es reducir los errores cuadrados totales en un punto de datos determinado. Esto también se denomina SSE. En este caso, se puede denotar como el representante máximo para cada paso de optimización existente en los puntos de datos de la agrupación. Por lo tanto, la varianza entre el pseudocódigo genérico y el pseudocódigo K-media es la función de distancia.

Un cambio fascinante del algoritmo k-media es la aplicación de la distancia local de Mahalanobis. La aplicación de la distancia de Mahalanobis es importante cuando tenemos los grupos expandidos hacia direcciones específicas. El factor principal que genera $\Sigma - 1$ crea un punto de normalización que es esencial para la recopilación de datos de varias densidades. Esto creará el algoritmo k-media de Mahalanobis.

El Algoritmo Núcleo K-Media

Podemos expandir este algoritmo para encontrar grupos que tengan una forma aleatoria y usar el truco del núcleo. Lo más importante es actualizar los datos que generarán formas de grupos aleatorios para cerrar los grupos euclidianos existentes en el nuevo espacio.

La desventaja que viene con este algoritmo es que requiere uno para calcular la matriz del núcleo.

El Algoritmo K-Medias

Este algoritmo aplica la distancia de Manhattan en la función objetivo. Esto significa que la función de distancia Dist (Xi, Yj) está definida. En este caso, es posible escribirlo como un representante óptimo de Yj, donde la mediana de los puntos de datos en cada dimensión es el grupo Cj. Una razón para esto es que la menor suma de las distancias L1 se define en puntos distribuidos en una línea del conjunto mediano. Esto muestra que la mediana optimiza la suma de las distancias L1 a la recopilación del conjunto de datos. Cuando tenemos los puntos medianos seleccionados independientemente a lo largo de cada dimensión, toda la representación de los datos iniciales se establece en D. La técnica de k-medianas a veces se mezcla con los k-medoides que identifican elementos de la base de datos de D inicial.

Algoritmos de Agrupamiento Jerárquico

Este algoritmo agrupa los datos con las distancias. Sin embargo, el uso de funciones de distancia es opcional. Muchos de estos algoritmos utilizan técnicas de agrupación en clústeres como un método basado en gráficos. Puede preguntarse por qué estos algoritmos son tan críticos; la respuesta es que los diferentes niveles de agrupamiento proporcionan diversas ideas de aplicación.

Esto crea una organización de clúster que puede ser identificada a través de ideas semánticas. El mejor ejemplo para ilustrar esto es la organización de páginas web.

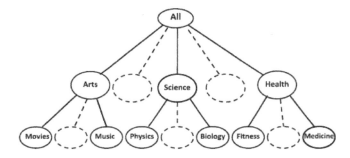

En el ejemplo anterior, las agrupaciones se han creado manualmente. Este diagrama puede ayudarle a comprender el concepto de granularidad múltiple. Solo una parte de la organización jerárquica se indica en el diagrama. En la parte superior tenemos páginas web divididas en varios temas. El siguiente nivel contiene los subtemas de los temas. Tener este tipo de estructura facilita la navegación del usuario. En otros lugares, este tipo de organización se produce a través de la indexación de algoritmos. Además de eso, estos métodos ayudan a crear mejores agrupaciones.

Los algoritmos jerárquicos existen de dos maneras según la estructura del árbol.

1. Métodos de abajo hacia arriba

En este método, los puntos de datos específicos se combinan posteriormente para crear agrupaciones de nivel superior.

2. Métodos de arriba hacia abajo

Este método divide los elementos de datos para que asimilen una estructura de árbol. Puede utilizar un algoritmo de agrupamiento plano para la partición. Este enfoque conduce a una flexibilidad masiva en cuanto a la selección de la compensación entre el punto de estabilidad en el número de puntos de datos y la estructura del árbol. Por ejemplo, si consideramos la estrategia de crecimiento en un árbol que crea una estructura de árbol fuerte y estable en todos los nodos, producirá nodos de hoja que contienen números diferentes en cada punto de datos.

Modelo de algoritmos probabilísticos

La mayoría de los algoritmos que hemos analizado hasta ahora son difíciles de agrupar. Un algoritmo complicado de agrupación es aquel en el que cada segmento de datos se asigna a una agrupación. Estos algoritmos son diferentes de los algoritmos duros; en este tipo de algoritmos, es posible que cada punto de datos contenga una probabilidad de asignación distinta de cero para todos los grupos. Una solución simple para lidiar con la agrupación en clústeres se puede convertir en una solución compleja cuando asignamos un punto de datos a una agrupación en particular.

La idea extensa de un modelo generativo asume que los datos se han creado desde el punto de distribución k utilizando una distribución de probabilidad G1 ... Gk. Cada una de las distribuciones G1 representa un grupo de un componente variable.

Asociación de EM a k-medias

El algoritmo EM posee un marco elástico diferente para soportar el tipo probabilístico de agrupamiento. Si podemos considerar una instancia de las probabilidades de Apriori pi asignadas a 1 / k perteneciente a la configuración del modelo, y cada elemento de la mezcla tiene un radio igual en todas las direcciones, así como el promedio del grupo jth se toma como Yj. Por lo tanto, el tipo de parámetros para que uno aprenda es σ e Y1. . . Yk

Consideraciones Prácticas

Lo más importante cuando se trata de modelar una mezcla es la flexibilidad requerida de los componentes integrados. Por ejemplo, una vez que se define cada componente de la mezcla, se vuelve simple realizar agrupaciones de formas aleatorias y orientativas. Por otro lado, esto requiere una gran cantidad de parámetros. Si el tamaño de los datos es reducido, esta técnica no funcionará perfectamente como resultado de un ajuste excesivo. El ajuste excesivo se produce cuando los parámetros en una muestra menor no se reflejan en el patrón correcto debido a las instancias de ruido en los datos.

En un lado extremo, puede elegir el modelo Gaussiano. En este caso, cada componente de la mezcla posee un radio idéntico. El modelo EM funciona incluso si está en un conjunto de datos reducido. Además, la razón de esto es que el algoritmo aprende solo un único parámetro. Sin embargo, si las agrupaciones contienen una forma única, esto puede crear una agrupación deficiente, independientemente de si el conjunto de datos es grande o no.

La regla común es personalizar la complejidad del modelo y corregir el tamaño de los datos.

Un gran conjunto de datos posee un modelo complejo. En algunos casos, el analista puede estar al tanto del conocimiento del dominio relacionado con la forma en que los puntos de datos se distribuyen en los grupos. En este caso, la opción correcta es encontrar una mezcla de componentes en función del conocimiento respectivo.

Capítulo 7: Análisis de Valores Atípicos

En la minería de datos, un valor atípico se refiere a un punto de datos que es único del resto de los datos. Puede visualizar un valor atípico como un aspecto adicional de la idea de agrupamiento. Aunque cuando tratamos con la agrupación en clúster, intentamos buscar grupos de datos que sean iguales, los valores atípicos se refieren a puntos de datos específicos que son impares del resto. Podemos considerarlos como anormales, desviados o discordantes en la minería de datos. Los valores atípicos se utilizan en muchas áreas en la minería de datos. De hecho, la presencia de valores atípicos demuestra que un conjunto de datos tiene ruido. Este ruido puede aparecer debido a los errores cometidos en el proceso de recopilación de datos. Así que tener métodos para detectar valores atípicos ayuda a eliminar el ruido.

Al trabajar en un conjunto de datos particularmente extenso, seguramente encontrará algunos valores atípicos. Esto no significa necesariamente que haya datos por los que debería preocuparse. Cuanto mayor sea el conjunto de datos, más probable es que existan valores atípicos simplemente porque la cantidad de información es extensa. Sin embargo, es importante que revise los valores atípicos, sin importar qué tan extenso sea su conjunto de datos. A veces, el valor atípico no significará nada, pero otras veces puede significar cierta información importante que necesita verificar. En todos los casos, revisar los valores atípicos puede ayudarle a detectar asuntos distintos, en ocasiones transacciones fraudulentas y más.

1. Fraude de tarjetas de crédito

La presencia de un patrón anormal en una tarjeta de crédito puede sugerir una actividad fraudulenta. Se considera que este tipo de patrón es un valor atípico porque no es similar a otros patrones existentes. Una compañía de tarjetas de crédito podría detectar si existe algún fraude con tarjetas de crédito. Buscarían en los registros para detectar si un cliente haría la compra o no.

Por ejemplo, si el cliente vivía en Kansas y hacía todas sus compras en ese estado, podría parecer extraño si de pronto hiciera una compra en México. Esto sería aún más sospechoso si el cliente hiciera una compra en Kansas a las 9:00 de la mañana y luego a las 9:30, hubiera una compra en México. Las compañías de tarjetas de crédito tienen una variedad de herramientas que pueden usar para determinar si el cliente ha realizado una compra específica o no en función de su historial previo de compras.

2. Detección de una intrusión en la red

El tráfico en muchas redes se visualiza como una serie de registros relacionados. En el tráfico de red, se dice que los valores atípicos son registros impares en una secuencia de cambios que son únicos.

La mayoría de las técnicas de reconocimiento atípicas crean un prototipo de patrones regulares. Estos modelos consisten en agrupación basada en la distancia, validación y reducción de la dimensionalidad. Los valores atípicos se definen como puntos de datos que no encajan en el modelo normal. La medida de un valor atípico en un punto de datos se define a través de una puntuación de valor numérico. De la misma manera, muchos algoritmos de detección de valores atípicos crean una salida de dos tipos.

3. Fuente de valor atípico valorada

Este tipo de puntaje valida el comportamiento del punto de datos considerado como un valor atípico. Es probable que los valores de puntuación más altos en el punto de datos sean un valor atípico. Algunos algoritmos pueden mostrar el valor de probabilidad que valida las posibilidades de un punto de datos específico en un valor atípico.

4. Etiqueta binaria

Esto determina si una región específica de datos es externa. El resultado tiene pocos datos en comparación con otro, siempre que podamos mapear un umbral en la puntuación de valor atípico para cambiarlo a una etiqueta binaria. Sin embargo, no es posible que ocurra lo contrario. Esto significa que las puntuaciones únicas son normales en comparación con las etiquetas binarias. Además de esto, es esencial que una puntuación binaria esté presente al final del resultado en muchas aplicaciones.

La creación de un externo o un valor atípico requiere el desarrollo de un modelo de patrones normales. La mayoría de las veces, se puede crear un modelo para mostrar un tipo único de valores atípicos según el modelo restrictivo de patrones. Estos valores atípicos tienen valores extremos, lo que es importante para un tipo dado de aplicación.

A continuación, se presentan los modelos clave para el análisis de valores atípicos.

1. Valores extremos

Se considera que un valor de datos es extremo si existe en ambos lados de la distribución en una probabilidad. Se puede decir que los valores extremos son equivalentes a los datos multidimensionales que utilizan la distribución de probabilidad multivariada. Son formas distintas de valores atípicos esenciales en el análisis básico de un valor atípico.

---

2. Agrupación de modelos

Este es otro problema más en el análisis atípico. Los métodos anteriores buscan puntos de datos que se producen como una colección mientras que este método busca puntos de datos aislados. De hecho, muchos de los modelos de agrupación identifican valores atípicos a través de un efecto adicional del algoritmo. Todavía es posible maximizar los patrones de agrupamiento.

3. Modelos a distancia

Este modelo buscará el vecino k más cercano en el conjunto de datos para ayudar a identificar un valor atípico. Generalmente, un valor de datos se define como un valor atípico si ocurre que la distancia más cercana a k tiene un valor más alto en comparación con los valores de datos restantes.

4. Modelos de densidad

Este modelo definirá la densidad local de cada puntaje. El modelo de densidad a menudo está conectado al modelo de distancia porque la densidad local de una región es baja cuando la distancia más cercana al vecino es extensa.

5. Modelos probabilísticos

Los modelos probabilísticos han sido analizados en los capítulos anteriores. Ya que podemos considerar el análisis de valores atípicos como un problema de agrupamiento complementario, facilita la aplicación de un modelo probabilístico en el análisis de un valor atípico.

Modelos teóricos de información

Cuando observamos estos modelos, podemos identificar una asociación intrigante con el resto de los modelos. El resto de los métodos corrigen la técnica de patrones normales y validan los valores atípicos en función de las diferencias existentes en el modelo. El modelo de información reducirá el intervalo de desviación en el modelo básico y seleccionará las diferencias en cada espacio. Si la diferencia es mayor, el punto es entonces un valor atípico.

Métodos de reducción

Utilizamos los métodos de reducción cuando se devuelve el valor de r-ranking y la puntuación del valor atípico en los puntos de datos restantes es irrelevante. Por lo tanto, podemos aplicar métodos de reducción solo para una versión específica del algoritmo de decisión binaria. La idea típica cuando se trata de la reducción es eliminar el intervalo en el vecino k más cercano mediante la eliminación de los puntos de datos considerados valores atípicos.

Métodos de muestreo

Es necesario elegir una muestra de un tamaño determinado de datos. A continuación, determinamos la distancia entre dos puntos de datos en la muestra seleccionada y la distancia en la base de datos. Este procedimiento requiere cálculos de distancia. Por lo tanto, para cada punto muestreado en S, conocemos la distancia del vecino k más cercano. Se calcula el primer valor atípico en la muestra, posteriormente podemos estimar los otros valores atípicos utilizando el primer valor.

El truco de terminación temprana utilizando Circuitos Anidados

La mayoría de los enfoques que hemos visto en la sección anterior pueden mejorarse aún más mediante la mejora del siguiente proceso, que implica encontrar el vecino k más cercano en cada distancia del valor de los datos. Lo más importante a tener en cuenta es que para calcular la distancia del vecino k más cercano de cualquier punto de datos X ∈ R, debe ir seguido de una terminación una vez que X no se encuentre entre los valores atípicos superiores.

Métodos basados en la densidad

El método de densidad aplica el mismo principio que el método de agrupamiento de densidad. Lo más importante es crear varias regiones en los datos subyacentes para ayudar a crear esquemas.

Técnicas del histograma y la red

No es complicado crear un histograma para representar un conjunto determinado de datos. De hecho, se encontrará con el uso de histogramas en aplicaciones diferentes. Para representar los datos en el histograma, deben dibujarse intervalos, y después determinar la tasa de aparición de cada intervalo. Se dice que las regiones de datos con una frecuencia baja son valores atípicos. Si queremos un puntaje de valor atípico continuo, tenemos que anotar todos los puntos de datos.

Si usamos un ejemplo de datos multivariados, podemos generalizarlo usando una red. En la red, cada dimensión se divide en valores de igual anchura. Esto es similar al caso anterior, en el que asumimos el número de puntos en un punto dado como una puntuación atípica. Los puntos de datos contienen una densidad menor que T y se pueden definir utilizando un análisis de valor univariado.

El mayor problema con esta técnica es que no es sencillo determinar la anchura correcta del histograma. Los histogramas anchos o estrechos no pueden representar la distribución de frecuencia correctamente. Estos problemas no son diferentes a las estructuras de la cuadrícula en el agrupamiento. La presencia de contenedores estrechos significa que los puntos de datos normales caen en estos contenedores en los valores atípicos indicados. Alternativamente, los depósitos amplios crearán puntos de datos irregulares y regiones densas que se pueden combinar en un contenedor.

El siguiente desafío que viene con la técnica del histograma es que es de naturaleza local, y la mayoría de las veces no consideramos la naturaleza global de los datos. Una razón para esto es que la densidad de la red se basa en puntos de datos existentes. Los puntos independientes pueden construir una red artificial de celda si el tamaño de la representación aumenta. Además de eso, la distribución de la densidad cambia con la localidad de datos, los métodos basados en cuadrícula pueden tener algunas dificultades cuando se trata de la normalización de las variaciones locales en la densidad.

Por último, el método del histograma no funciona correctamente en la alta dimensionalidad debido a la naturaleza dispersa de la estructura de la red con el aumento de la dimensionalidad.

Estimación de la Densidad del Núcleo

Este método es similar a las técnicas de histograma para crear perfiles de densidad. Sin embargo, la diferencia radica en que, en lugar de un modelo aproximado, obtenemos un modelo uniforme. El uso de este método crea una estimación continua del punto de densidad. El valor de densidad de cualquier región en particular se encuentra sumando el total de todos los valores suaves en una función del núcleo. Cada función del núcleo tiene un ancho que define los niveles de suavizado.

Modelos teóricos de información

Los valores atípicos son datos impares no incluidos en la distribución de datos. Esto significa que, si comprimimos un conjunto de datos aplicando patrones "normales" en la distribución de datos, los valores atípicos cambiarán la longitud del código requerido para describirlo. Lo anterior puede observarse en las siguientes series:

ABABABABABABABABABABABABABABABABAB

ABABACABABABABABABABABABABABABABAB

La segunda serie tiene una longitud similar a la primera con una diferencia donde se encuentra el símbolo C. La primera serie también se conoce como "AB 17 veces". Sin embargo, esto no puede aplicarse a la segunda porque tiene el símbolo C. En otras palabras, la existencia de C en la serie aumenta la longitud de la descripción. De nuevo, puede notar que el símbolo de arriba es un valor atípico. Este principio es la base sobre la cual definimos los modelos teóricos de la información.

Los modelos teóricos de la información son similares a los modelos de desviación normal, con solo una distinción en la forma en que se determina el tamaño del modelo. Los modelos típicos definen los valores atípicos como un punto de datos que está alejado de las estimaciones de un modelo de resumen.

Podemos considerar los modelos de teoría de la información como un modelo adicional donde se revisan varios aspectos de la desviación del espacio.

Validez atípica

Al igual que en los modelos utilizados para agrupar datos, es esencial que descubra la validez de un valor atípico declarado por un algoritmo determinado. Aunque la agrupación y el análisis tienen un tipo complementario de relación, es complicado diseñar la validez de un valor atípico.

Capítulo 8: Clasificación de Datos

El desafío de clasificación es similar al problema de agrupamiento visto anteriormente. Sin embargo, en el problema de clasificación, aprendemos la estructura de un conjunto de datos. Aprender las diferentes categorías se consigue utilizando un modelo. Este modelo ayuda a aproximar los identificadores de un grupo. Algunos de los ejemplos de entrada a un desafío de clasificación incluyen el conjunto de datos dividido en diferentes clases. Estos datos se denominan datos entrenados, y los identificadores de grupo son etiquetas de clase. De muchas maneras diferentes, las etiquetas de clase contienen un análisis semántico similar a la aplicación.

El modelo aprendido es el modelo de entrenamiento; los puntos de datos anteriores que no requieren una clasificación se denominan un conjunto de datos. El algoritmo que se encuentra en el desarrollo del modelo de capacitación para ayudar en la predicción se denomina aprendiz.

En resumen, la clasificación también se denomina aprendizaje supervisado. Una de las razones para esto es que un conjunto de datos tiene que adquirir la estructura de los grupos de la misma manera que un maestro debe revisar a sus alumnos para lograr una meta detallada. Aunque los grupos adquiridos por un modelo de clasificación pueden tener la misma configuración de las características variables, puede que no esté disponible en cada caso.

Cuando observamos la clasificación, los datos entrenados son críticos para ayudar a mapear los grupos definidos. La mayoría de los algoritmos utilizados en la clasificación tienen dos niveles:

1. La fase de entrenamiento

Esta fase busca el modelo de entrenamiento de una lista de algunas instancias de entrenamiento. Esto se ilustra utilizando un resumen del modelo matemático extraído del grupo de datos en el conjunto de capacitación.

2. La fase de prueba

En la siguiente fase, usamos el modelo entrenado para definir la etiqueta de clase de las instancias invisibles.

El desafío en la clasificación es mucho mayor que en la agrupación en clúster, donde solo registramos la agrupación definida por el usuario a partir de datos de muestra. La clasificación se utiliza para resolver muchos problemas. En cada problema, existe un grupo definido basado en la aplicación externa de un criterio dado. Algunos ejemplos incluyen:

1. Marketing orientado al cliente

Con esto, los grupos son los mismos que el interés de un usuario en un producto específico. Por ejemplo, un grupo específico puede tener una relación con los clientes que están interesados en un producto específico.

En la mayoría de las situaciones, el ejemplo de entrenamiento de la experiencia de compra anterior está disponible. Puede usar esto como un ejemplo de clientes que podrían estar interesados o no interesados en un producto específico. La propiedad variable podría ser similar al perfil demográfico de los clientes. La muestra de capacitación es importante para ayudar a determinar si un cliente tiene una personalidad demográfica clara.

Existen muchas empresas que desean trabajar con este marketing centrado en el cliente. El marketing en nuestro mundo actual es complicado y costoso. Las empresas no quieren gastar mucho dinero en hacer publicidad que no esté dirigida a las personas adecuadas o que no brinden valor a su público objetivo. El marketing centrado en el cliente les permitiría saber qué productos les interesan a sus clientes para que la tienda tenga más probabilidades de obtener la información que necesitan.

2. Control de enfermedades médicas

Recientemente, la aplicación de la minería de datos en la investigación médica ha aumentado de manera considerable. Es posible extraer las características de los registros médicos de un paciente, y la etiqueta de la clase puede estar asociada con el resultado del tratamiento. En este caso, es bueno predecir los resultados mediante el uso de nodos.

3. División y filtrado de documentos

Muchas aplicaciones que tratan con transmisión de noticias necesitan una clasificación de datos en tiempo real de los documentos. Esto es fundamental para organizar documentos en temas específicos en los portales web. Cada documento de muestra de un tema dado puede estar presente. Los atributos son similares a las palabras dentro del documento. Una etiqueta de clase puede incluir diferentes temas.

4. Análisis de datos multimedia

Es útil para clasificar grandes volúmenes de datos, como fotos, videos y audio. Es posible que no existan ejemplos anteriores de actividades del usuario asociadas con un video de muestra. En esta forma de clasificación, es esencial que el conjunto de datos entrenados se represente con n puntos de datos y dimensiones. Además de eso, cada punto de datos ubicado en D está relacionado con una etiqueta dada. En algunos casos, se dice que la etiqueta es binaria.

En los casos restantes, la convención más popular es asumir que la etiqueta se ha creado desde {-1, +1}. Luego, asuma que la etiqueta se produce a partir de {0, 1}.

Un algoritmo de clasificación consiste en dos formas de salidas:

1. La predicción de la etiqueta

Aquí, la etiqueta se define para cada instancia que se prueba.

2. Puntaje numérico

Con la puntuación numérica, permitimos que el aprendiz asigne un total a cada etiqueta combinada que procesa la intensidad de la instancia. Puede cambiar la puntuación en una etiqueta de predicción ya sea utilizando un valor máximo o mínimo. El mayor beneficio que viene con el uso de una puntuación son las instancias de prueba únicas. Esto se puede clasificar y comparar con una clase determinada. Estos puntajes son importantes en situaciones donde una sola clase es complicada, y el puntaje numérico puede organizar a los mejores candidatos que pertenecen a una clase determinada.

Una diferencia clave radica en la forma de diseñar dos tipos de modelos cuando usamos una puntuación numérica para clasificar diferentes instancias. El primer modelo debe tener en cuenta la clasificación relativa de diversas instancias de prueba. El segundo modelo requiere la normalización correcta de la puntuación de clasificación de las diferentes pruebas. Unos pocos cambios en la clasificación podrían ser beneficiosos al tratar con la clasificación y el etiquetado de casos.

Cada vez que el conjunto de datos de prueba no es suficiente, la eficiencia del modelo de clasificación disminuye. En esta situación, un modelo podría proporcionar una descripción detallada de un conjunto de datos aleatorios. En otras palabras, estos modelos pueden predecir exactamente las etiquetas de los casos utilizados para crearlos. Sin embargo, no funciona bien en muestras de prueba ocultas. Esto se conoce como sobreajuste.

Se han definido algunos modelos para ayudar en la clasificación de datos. El más destacado es el árbol de decisión, los clasificadores basados en reglas, los modelos probabilísticos y las redes neuronales. El proceso de modelado es la siguiente fase después de la selección de características para ayudar a identificar las propiedades más críticas en la clasificación.

Selección de características

El primer paso en la clasificación es la identificación de características. Los datos reales pueden contener características de diferente significado utilizadas para predecir las etiquetas de clase. Por ejemplo, el sexo de una persona no es importante cuando se requiere pronosticar una etiqueta de enfermedad como la diabetes. Las características irrelevantes posiblemente interferirán con el modelo de precisión de clasificación. Además, también contribuirá a la computación ineficiente. Por lo tanto, el enfoque principal cuando se trata de resaltar características es detectar y seleccionar los atributos más importantes según la etiqueta de la clase. Existen alrededor de tres métodos utilizados en la selección de características:

1. Modelos de filtros

Este método ayuda a definir la calidad de un subconjunto de características. Posteriormente se usa para eliminar características ajenas.

2. Modelos de envoltura

Suponemos que un algoritmo de clasificación ayuda a definir la forma en que un algoritmo puede funcionar en un subconjunto dado de características. Se asigna un algoritmo que busca características para identificar las características correctas.

3. Modelos integrados

La respuesta a un modelo en clasificación debe contener sugerencias asociadas con las propiedades. Estas propiedades se reservan y el clasificador conserva las características eliminadas.

Ahora, examinemos estos modelos en detalle:

Modelos de filtros

Este modelo determina las características de un subconjunto utilizando una clase de factores sensibles. La ventaja de definir un grupo de características simultáneamente es que elimina las redundancias. Considere una situación en la que tenemos dos características variables que están correlacionadas con otra donde cada una puede definirse usando otra. En esta situación, es útil usar una de estas características porque la otra no tiene ningún conocimiento incremental.

Estos métodos son muy costosos porque el segundo subconjunto posible tiene características que requieren una búsqueda. Por lo tanto, una gran cantidad de métodos de selección de características definen los rasgos independientemente de otro.

De hecho, existen ciertos enfoques para seleccionar características que crean un patrón lineal de las características únicas al definir un conjunto de nuevas características. Este método es similar a un clasificador independiente.

El Índice de Gini

El índice de Gini es una medida estadística de la distribución que se desarrolló durante 1912. Se usa para ayudar a medir la desigualdad en la economía y medir la distribución del ingreso. También se puede usar en algunos casos para verificar la distribución de la riqueza entre una población. El coeficiente oscilará entre 0 (0%) o 1 (100%). El cero (0) representará la igualdad perfecta y el uno (1) representará la desigualdad perfecta. Los valores que están por encima de 1 en teoría pueden suceder debido a un ingreso o riqueza negativos.

Un país que tiene residentes con el mismo ingreso terminaría con un coeficiente de Gini de 0. Un país que tiene un residente que gana todos los ingresos, y todos los demás residentes no lo hacen, tendrían un coeficiente de Gini de 1. Por supuesto, la mayoría de los países van a encontrarse en algún lugar entre los dos.

Este análisis también se puede aplicar a la distribución de la riqueza, pero a veces la riqueza es más difícil de medir en comparación con el ingreso. Es por esto que la mayoría de los coeficientes de Gini se referirán a los ingresos. Los coeficientes de riqueza de Gini serán mucho más altos que los utilizados solo para el ingreso.

El coeficiente de Gini puede ayudarle a analizar la riqueza o la distribución del ingreso en un país o en una región, pero nunca debe usarlo como una medida absoluta de riqueza o ingreso. Un país de altos ingresos y uno que se considera de bajos ingresos puede terminar teniendo el mismo tipo de coeficiente de Gini, siempre y cuando los ingresos se distribuyan de manera similar. Por ejemplo, los Estados Unidos y Turquía tienen un coeficiente de Gini de 0,39, aunque el PIB por persona en Turquía fue menos de la mitad de los Estados Unidos.

El índice de Gini se representa a través de la curva de Lorenz. Esta curva mostrará la distribución del ingreso al trazar el percentil de la población por ingreso en un eje horizontal. El ingreso acumulado se va a mostrar en el eje vertical. El coeficiente de Gini será igual al área que está debajo de la línea de igualdad perfecta, o 0.5 minutos el área que está debajo de su curva de Lorenz, dividida por el área que está debajo de la línea de igualdad perfecta.

Aunque el coeficiente de Gini puede ser útil para ayudarle a analizar la desigualdad económica, tiene algunas deficiencias. La precisión dependerá del tipo de datos que esté utilizando. Las economías irregulares y otras actividades económicas informales pueden aparecer en todos los países y no se utilizarán en estos números. Estas transacciones mostrarán una gran parte de la verdadera producción económica en muchos países, pero se mostrarán aún más en los países en desarrollo. Los datos de riqueza precisos pueden ser difíciles de recopilar debido a la popularidad de los paraísos fiscales.

Otra falla que puede observar es que dos países podrían tener distribuciones de ingresos muy diferentes, pero aun así obtienen el mismo coeficiente de Gini. Mientras utiliza la curva de Lorenz como suplemento, sus datos pueden proporcionarle más información. No podrá mostrar algunas de las variaciones demográficas que ocurren entre los subgrupos que están dentro de la distribución. Por eso es tan importante entender la demografía para comprender mejor lo que representa el coeficiente.

Utilice esta técnica para encontrar el potencial discriminativo de una característica específica. Esto se utiliza en las variables categóricas, pero puede dividirlo en un atributo numérico usando el proceso de discretización.

Entropía

Esto es equivalente a la ganancia de información. La medida de la entropía logra un objetivo similar como la técnica del índice de Gini. Sin embargo, depende de la información de sonido. Esta entropía contiene un valor entre [0, log2 (k)]. Un amplio valor de entropía conduce a diferentes clases.

Puntaje de Fisher

Este puntaje se desarrolla para tratar con atributos numéricos y calcular la proporción de la distancia externa promedio a la distancia interna promedio. Un alto puntaje de Fisher da como resultado un gran poder discriminatorio. La puntuación de Fisher se evalúa mediante la siguiente fórmula:

$$F = \frac{\sum_{j=1}^{k} p_j (\mu_j - \mu)^2}{\sum_{j=1}^{k} p_j \sigma_j^2}.$$

El Discriminante Lineal de Fisher

El discriminante lineal de Fisher se puede observar como un resumen de la puntuación de Fisher donde las características recién definidas se relacionan con las disposiciones lineales de las propiedades iniciales en lugar del subconjunto de las características originales. El camino que toma está diseñado con un mayor poder de intolerancia sujeto a las etiquetas de clase. Podemos asumir el Discriminante de Fisher como un enfoque de reducción de dimensionalidad supervisada, que utiliza la varianza almacenada en el espacio de características.

Modelos de envoltura

Como puede notar, los diferentes modelos de clasificación funcionan mejor con diversos conjuntos de características. Los modelos de las características están sesgados a un algoritmo específico de clasificación. A veces, puede ser importante aplicar las características de un algoritmo de clasificación particular para ayudar a identificar las características.

Un modelo de envoltura puede maximizar el proceso de selección de características para que pueda ayudar al problema de clasificación en cuestión. La técnica estándar utilizada en los modelos de envoltura es optimizar un conjunto de atributos con frecuencia agregándole más características. Podemos resumir esa estrategia en los siguientes puntos:

> 1. Configure una colección de características agregando una o más propiedades.
> 2. Aplique un algoritmo para evaluar la precisión de las características del conjunto.

Modelos integrados

El enfoque principal de estos modelos es que la respuesta a muchos problemas de clasificación crea señales importantes con respecto a las características correctas a utilizar. En otras palabras, el conocimiento relacionado con las características se inserta dentro de la solución al problema de clasificación.

Árboles de decisión

Los árboles de decisión son un tipo de proceso de clasificación que implica el uso de un conjunto de características en los datos de prueba.

La función del criterio de división es dividir los datos de prueba en más de dos partes. En el árbol de decisiones, construimos una partición usando la muestra de entrenamiento usando el enfoque de arriba hacia abajo. La única excepción aquí es que, durante la partición, el criterio utilizado en la partición tiene una etiqueta de clase. Algunos ejemplos de sistemas de árbol de decisión estándar incluyen CART, C4.5 e ID3.

El siguiente es un diagrama que ilustra cómo luce un árbol de decisión:

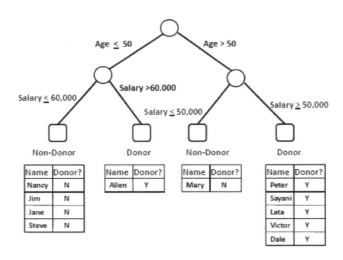

El plan del criterio de división se basa en la característica del atributo:

1. Atributo binario. Esto permite una única división y el árbol seguirá siendo binario.

2. Atributo categórico. En el atributo categórico, tenemos múltiples formas de dividir el árbol.

Capítulo 9: Aplicaciones de Minería de Datos en Negocios

Aplicamos la minería de datos de diversas maneras en la vida. Muchas empresas y organizaciones han destacado el papel de la minería de datos en la mejora de sus operaciones. La minería de datos brinda a los minoristas la oportunidad de utilizar los registros del punto de venta para crear una función personalizada para una determinada marca de clientes.

A continuación, se presentan otras áreas en las que la minería de datos es muy importante.

Cuidado de la salud

La minería de datos tiene el mayor potencial para cambiar el estado de los sistemas de salud. Utiliza el análisis y los datos como una forma de identificar las prácticas correctas que pueden integrarse en los sistemas de salud. De esta manera, reduce los costos y aumenta el estado de la asistencia sanitaria. Al utilizar las técnicas correctas de extracción de datos, se puede predecir el número de pacientes en una sección determinada. Los procesos están diseñados para garantizar que se brinda la atención adecuada. La minería de datos puede ayudar aún más en la detección de métodos clandestinos y abusos.

Análisis de la canasta de mercado

El análisis de la canasta de mercado es un proceso de modelado basado en el concepto de que si un cliente compra ciertos artículos, es probable que desee comprar un grupo relacionado de artículos. Por lo tanto, esta técnica permite que un minorista conozca la mejor manera de organizar sus productos en la tienda. Además, ayuda a que el cliente tenga una experiencia sencilla mientras compra.

Educación

Otro campo emergente es la educación. La extracción de datos educativos tiene como objetivo predecir el futuro comportamiento de aprendizaje del estudiante, así como estudiar los efectos del apoyo educativo. Podemos usar la minería de datos en una universidad para predecir el resultado de los estudiantes.

Ingeniería de Manufactura

El conocimiento es lo que requiere una empresa de fabricación. Las herramientas de minería de datos son críticas cuando desea descubrir patrones en un procedimiento de fabricación complejo. Podemos utilizar la extracción de datos y un diagrama de diseño del sistema para ayudar a crear una relación entre la arquitectura de un producto, la cartera de productos y las necesidades del cliente. Además, puede usarlo para predecir el tiempo y el costo de un producto.

CRM

Implica buscar y retener clientes al mejorar la lealtad del cliente e implementar estrategias enfocadas en ello. Para lograr el vínculo correcto con un cliente, es importante que la empresa recopile y analice los datos. Este es el punto donde la minería de datos se vuelve importante. Con el uso de tecnologías de minería de datos, es posible utilizar los datos en el análisis.

Identificar intrusión

Cualquier movimiento que pueda poner en peligro la confidencialidad y la integridad del recurso se dice que es una intrusión. La forma de evitar la intrusión consiste en corregir los errores de programación, la protección de la información y la autenticación del usuario. Con la minería de datos, puede desempeñar un papel importante en la mejora de la detección de intrusiones al agregar otra capa de enfoque a la anomalía. Permite a un experto diferenciar una actividad de la acción frecuente de la red.

Detección de fraude

Una gran cantidad de dinero se pierde a través de fraudes todos los días. Los métodos tradicionales de detección de fraude son complejos y toman mucho tiempo. La minería de datos puede ayudar a crear patrones significativos que conviertan los datos en información. Un sistema de detección de fraude eficiente es aquel que puede proteger la información. Un método supervisado consiste en un conjunto de métodos muestreados. Estos registros se clasifican como no fraudulentos y fraudulentos.

Segmentación de clientes

Aunque los datos tradicionales pueden ayudar a dividir a los clientes en diferentes niveles, la extracción de datos es mucho mejor para aumentar la eficiencia del mercado.

La minería de datos coloca a los clientes en una división específica y proporciona las necesidades de los clientes. El mercado se centra en la retención de clientes. La minería de datos ayudará a crear una marca de clientes basada en las debilidades y lo que el negocio puede ofrecer.

La banca financiera

Con la aparición de la banca computarizada, se crean diversos datos después de cada nueva transacción. La extracción de datos puede ayudar a resolver problemas en el sector empresarial, así como a identificar correlaciones y patrones en la información corporativa.

La información puede ser de gran beneficio para los administradores porque el volumen de datos es muy amplio.

Vigilancia Corporativa

La vigilancia corporativa implica el seguimiento de una persona o el comportamiento de un grupo por parte de una corporación. Los datos que se recopilan se aplican con fines de marketing o incluso son adquiridos por otras corporaciones. Estos datos pueden ser importantes para una empresa que quiera personalizar los productos para sus clientes. Los datos podrían ser utilizados en el marketing directo, como los anuncios.

Análisis de investigación

La historia nos dice que suceden cambios revolucionarios en la investigación. La minería de datos es importante cuando se trata de la limpieza de datos, el pre procesamiento y la integración de bases de datos. Los investigadores pueden buscar e identificar datos similares de la base de datos, lo que puede crear un cambio. Se puede identificar la detección de órdenes similares y la asociación entre cualquier actividad. Con la aplicación de visualización de datos, podemos entender la vista correcta de los datos.

Bioinformática

Los enfoques en la minería de datos parecen perfectos para la bioinformática, ya que es rica en datos. La extracción de datos biológicos permite recopilar importantes conocimientos de los enormes conjuntos de datos en biología. La aplicación de la minería de datos en la bioinformática implica la función de las proteínas, el diagnóstico de enfermedades, el tratamiento de enfermedades, la interacción de genes y mucho más.

Detección de mentiras

Arrestar a un criminal es simple, pero obtener la verdad es mucho más complicado. La policía puede aplicar técnicas de minería para llevar a cabo una investigación relacionada con el crimen. El proceso apunta a determinar patrones significativos en los datos que normalmente son textos no estructurados.

Capítulo 10: Las Mejores Técnicas de Minería de Datos

Existen muchas técnicas diferentes que puede utilizar si desea trabajar con la minería de datos. Algunas de los principales que tal vez desee considerar para su próximo proyecto incluyen el árbol de decisión, los patrones secuenciales, la predicción, el agrupamiento, la clasificación y la asociación. A continuación, hacemos una lista de cada una de estas técnicas para que pueda comprender qué significan y cuándo puede usarlas para su proyecto.

Asociación

La asociación es la primera técnica de minería de datos con la que puede trabajar. La asociación se usa cuando requiere descubrir un patrón. Este patrón se basa en la relación que se produce entre cualquier artículo que se encuentre en la misma transacción que los otros. Debido a la relación que se utiliza con la asociación, a menudo se le llama técnica de relación.

Encontrará que la asociación se utilizará cada vez que exista un análisis de la cesta de mercado. La asociación es recomendable en este tipo de análisis porque puede identificar los conjuntos de productos que comúnmente se compran juntos. Luego pueden ofrecer productos similares a futuros clientes con la esperanza de obtener una venta mayor. Los minoristas también pueden extraer esta información para obtener más información sobre sus clientes para realizar campañas publicitarias específicas.

Por ejemplo, un minorista puede encontrar que muchos clientes parecen comprar patatas fritas cuando compran cervezas o cereales cuando compran leche. Luego considerarían poner el cereal más cerca de la leche, o las patatas fritas al lado de las cervezas. Esto podría ahorrarle tiempo al cliente y ayudará a la tienda a obtener más ventas.

Clasificación

La clasificación es una técnica que puede utilizar en la minería de datos y se basa en la idea del aprendizaje automático. Para mantenerlo simple, la clasificación lo ayudará a clasificar todos los elementos que aparecen en su conjunto de datos en un conjunto de clases o grupos. Tiene la oportunidad de decidir qué son esos grupos antes de tiempo.

Al trabajar con el método de clasificación, necesitará diversas técnicas matemáticas para ayudarle a lograrlo. Puede trabajar con estadísticas, redes neuronales, programación lineal y árboles de decisión. Además, con la clasificación, desarrollará un programa que lo ayudará a clasificar automáticamente los elementos de datos en los grupos correctos deseados.

Veamos un ejemplo de cómo funciona la clasificación. Puede aplicar esta técnica para verificar todos los registros de los empleados que han dejado la empresa y luego usar esa información para predecir quién tiene más probabilidades de abandonar la empresa dentro del próximo año (u otro período de tiempo determinado). En este caso particular, tomaría los registros que obtiene de los empleados en dos grupos y podría etiquetarlos como quedarse y salir. Y posteriormente puede usar el software que está utilizando para la minería de datos para ayudarle a observar a sus empleados y decidir a cuál de los dos grupos pertenecen.

Agrupamiento

El agrupamiento es una excelente técnica para usar con la minería de datos para crear un conjunto de objetos útil. Todos los objetos que están en la misma agrupación tendrán características similares que les permitirán estar en ese clúster. Esta técnica definirá las clases que desea utilizar y posteriormente llevará todos los objetos de su conjunto de datos a cada clase. La diferencia entre el agrupamiento y la clasificación es que, con el agrupamiento, el sistema definirá la clase y con la clasificación, usted podrá definir las clases.

Para que esto resulte un poco más fácil de entender, veamos el ejemplo de cómo se administran los libros en una biblioteca. En la biblioteca, se encuentra una gran cantidad de libros acerca de diversos temas diferentes. La biblioteca debe encontrar la mejor manera de organizar estos libros para que los lectores puedan encontrar varios libros sobre diferentes temas sin muchas complicaciones. El agrupamiento permitirá a la biblioteca mantener libros similares en un estante juntos. La biblioteca también puede agregar algunas etiquetas que le dicen al lector de qué trata ese grupo. Luego, si el lector desea tomar un libro sobre ese tema, simplemente necesita dirigirse a ese estante y obtener el libro, en lugar de buscar en toda la biblioteca para encontrar lo que necesita.

Predicción

El método de predicción es una técnica que buscará la relación entre las variables independientes y la relación entre las variables independientes y dependientes. Es posible que desee utilizar esta técnica al hacer predicciones sobre los beneficios futuros. Las ventas que gane serán su variable independiente y las ganancias serán la variable dependiente, ya que dependen de las ventas. Desde aquí, puede hacer predicciones basadas en los datos de venta históricos de su empresa y tener una proyección de los beneficios futuros.

Patrones secuenciales

Otra opción en la que trabajar es un análisis de patrones secuencial. Esto ayuda a una compañía a identificar cualquier patrón que sea similar entre sí en los datos. También puede buscar algunas tendencias regulares que ocurren en los períodos de tiempo que especifique. Cuando analizamos los datos históricos y las ventas, es más fácil identificar un conjunto de artículos que a sus clientes les gusta comprar juntos, especialmente durante diferentes épocas del año. Por ejemplo, durante la Navidad, sus clientes pueden comprar regalos y papel de regalo al mismo tiempo. Esta información se utiliza para ayudar a la compañía a llegar a acuerdos para estos productos con el fin de incrementar las ventas.

Árboles de Decisión

Si está trabajando en un problema complejo que tiene diferentes soluciones potenciales, entonces el árbol de decisión es su mejor opción. Podrá anotar todas las soluciones posibles con las que desea trabajar y luego seguir avanzando por el árbol hasta llegar a la solución más adecuada para sus necesidades. Los árboles de decisión son fáciles de tomar, pueden trabajar con tantas soluciones como necesite y le brindan una solución visual para cualquier problema que su empresa esté enfrentando.

Detección de Valores Atípicos o Anomalías

La detección de anomalías buscará elementos específicos dentro de un conjunto de datos que no parecen coincidir con el patrón o comportamiento previsto que está esperando. Estas anomalías a menudo se conocen como valores atípicos, sorpresas, excepciones y contaminantes. En muchas ocasiones, estas anomalías le brindarán información útil y crítica para su negocio.

Un valor atípico será un objeto que se desviará significativamente del promedio general que se encuentra dentro de su conjunto de datos o una combinación de datos. Es numéricamente distante de lo que se observa con el resto de los datos. A menudo, esto significa que el valor atípico indica que algo es diferente y que debe tomarse un tiempo adicional para analizarlo.

En diversas ocasiones tendrá que usar la detección de anomalías. Algunas veces se utilizarán para detectar riesgos o fraudes que ocurran en un sistema crítico y estas anomalías tienen todas las características para interesar a un analista. Cuando encuentre una de estas anomalías, es importante tomarse el tiempo necesario para hacer un análisis más detallado para averiguar qué está sucediendo.

La anomalía puede ayudarle a encontrar cualquier ocurrencia fuera de lo común y podría indicar que hay acciones fraudulentas, procedimientos defectuosos o áreas donde una cierta teoría que está en uso no es válida.

Una cosa a tener en cuenta es que, si está trabajando con un conjunto muy grande de datos, es común encontrar al menos algunos valores atípicos porque existe mucha información. Si bien los valores atípicos a veces indican que existen algunos datos erróneos, también podría deberse a algunas variaciones aleatorias que podrían indicar que hay algo importante e interesante que debe considerar. No importa cuál sea el caso, es necesario investigar un poco más y descubrirlo.

Análisis de Regresión

También puede trabajar con un análisis de regresión. Este tipo de análisis intentará definir la dependencia que surge entre las variables. Puede suponer que existe un efecto causal unidireccional que aparece de una variable a la respuesta de una variable adicional. Las variables independientes a veces pueden afectarse unas a otras, pero eso no significa que exista una dependencia que se manifieste de ambas maneras, como sucede cuando se observa un análisis de correlación. El análisis de regresión es capaz de mostrar que una variable depende completamente de una variable diferente, pero no retrocederá.

El análisis de regresión se utilizará para determinar los diferentes niveles que pueden aparecer en la satisfacción del cliente, cómo estos niveles pueden afectar la lealtad del cliente y cómo los niveles de servicio a veces pueden verse afectados por algo tan simple como el clima. Cuanto más concreto sea el ejemplo, mejor.

A menudo, elegirá utilizar dos o más de estas técnicas para la minería de datos con el fin de idear el proceso correcto para satisfacer sus necesidades comerciales. Al sumar estas técnicas, puede obtener excelentes resultados que realmente puedan impulsar su negocio.

Conclusión

La minería de datos es la adopción de la base de datos automatizada para almacenar y analizar datos que proporcionan respuestas a los analistas de negocios. Tradicionalmente, utilizábamos informes y lenguaje de consulta para describir los datos, así como para analizarlos. Un usuario podría desarrollar varias hipótesis relacionadas con un aspecto específico e intentar verificarlo o descartarlo mediante una secuencia de consultas de datos, por ejemplo, un analista de negocios que considera la hipótesis de que las personas que ganan un salario bajo y tienen una gran deuda tienen un mal historial de crédito. El analista consulta la base de datos para probar o rechazar este supuesto. La minería de datos puede ayudar a construir una hipótesis.

Como hemos visto, los métodos analíticos aplicados en la minería de datos son algoritmos y técnicas ampliamente matemáticas. Lo único distinto es la forma en que se utilizan las técnicas. En resumen, la minería de datos tiene muchos beneficios en el mundo actual. Por ejemplo, las campañas de micromarketing se esfuerzan por buscar nuevos nichos de mercado, y la industria de la publicidad continúa buscando clientes potenciales.

Las perspectivas a largo plazo de la minería de datos son diversas. Si bien este libro no ha analizado todo, ha cubierto algunas de las áreas

197

centrales de la minería de datos. Esto sirve como una base sólida para ayudarle a comenzar su viaje en minería de datos.

A continuación, le recomendamos buscar libros avanzados en minería de datos y leer más para ayudarle a dominar los conceptos. Recuerde, solo puede convertirse en un experto leyendo y practicando.